北京理工大学"双一流"建设精品出版工程

Vehicular Hybrid Electric Powertrain Control Technology

车辆混合动力系统控制技术

杨超　王伟达　李亮 ◎ 著

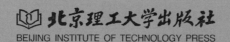

北京理工大学出版社
BEIJING INSTITUTE OF TECHNOLOGY PRESS

版权专有　侵权必究

图书在版编目（CIP）数据

车辆混合动力系统控制技术／杨超，王伟达，李亮著．－－北京：北京理工大学出版社，2024.1
ISBN 978－7－5763－3499－9

Ⅰ．①车… Ⅱ．①杨… ②王… ③李… Ⅲ．①混合动力汽车－控制系统－研究 Ⅳ．①U469.7

中国国家版本馆 CIP 数据核字（2024）第 039077 号

责任编辑：李颖颖　　　**文案编辑**：李思雨
责任校对：周瑞红　　　**责任印制**：李志强

出版发行 ／ 北京理工大学出版社有限责任公司
社　　址 ／ 北京市丰台区四合庄路 6 号
邮　　编 ／ 100070
电　　话 ／（010）68944439（学术售后服务热线）
网　　址 ／ http://www.bitpress.com.cn

版 印 次 ／ 2024 年 1 月第 1 版第 1 次印刷
印　　刷 ／ 三河市华骏印务包装有限公司
开　　本 ／ 710 mm × 1000 mm　1/16
印　　张 ／ 14.5
彩　　插 ／ 4
字　　数 ／ 212 千字
定　　价 ／ 86.00 元

图书出现印装质量问题，请拨打售后服务热线，负责调换

前言
PREFACE

我国汽车保有量目前居世界首位，由汽车保有量持续攀升导致的能源安全、大气环境污染等问题日渐严峻。发展新能源汽车技术需求迫切，是助力我国实现碳达峰、碳中和战略目标的重要途径。

混合动力车辆是解决全球能源危机和环境污染等问题有效方案，受到各国政府和研发机构的重视。近些年，美国、日本、德国等国家陆续发布鼓励混合动力车辆发展的政策，布局混合动力车辆的研发。我国也在持续推进混合动力车辆领域的研究与发展，2006年中华人民共和国国务院发布《国家中长期科学和技术发展规划纲要（2006—2020年）》提出重点研究开发混合动力汽车，将发展混合动力车辆提升至国家战略高度后，中华人民共和国工业和信息化部、中国汽车工程学会和国务院办公厅等各有关部门密集发布了《节能与新能源汽车技术路线图 2.0》《新能源汽车产业发展规划（2021—2035年）》等一系列政策促进混合动力车辆发展。由此可见，混合动力车辆已经成为汽车行业发展的趋势之一。

混合动力系统作为混合动力车辆的动力总成，其控制技术直接影响到整车的动力性和经济性等性能。对于混合动力系统而言，由于存在多个能量源，系统的控制难度较大，特别是在模式切换控制、多动力系统的管理和优化、多目标优化综合控制等方面。为了阐明混合动力车辆系统面临的挑战，推进混合动力系统控制技术的进步，本书从混合动力系统的节油原理出发，针对车辆混合动力系统关键控制技术及其发展趋势展开了讨论，采用不同类型混合动力系统中的关键控制问题及其解决方法的描述方式，介绍了作者及研究团队在近十年相关研究中积累的技术基础，重点探讨了混合动力系统模式切换控制技术和能量优化控制技术及其应用。

为了方便读者学习，本书提供了大量的应用实例，详细地阐述了混合动力系统的建模过程与控制技术的实现过程。本书可作为车辆工程专业本科生、研究生的相关课程参考教材，也可作为汽车专业、控制工程师，以及混合动力系统控制专业人员的参考用书。

本书第1、5、6、7、8章由杨超博士负责撰写，第2、3章由王伟达教授负责撰写，第4章由李亮教授负责撰写。课题组研究生查明军、彭祎然、杨刘权、陈瑞虎、杜雪龙、王玮琪、郭兴华、王暮遥为本书进行了资料收集和整理，在此表示由衷的感谢。

由于作者水平有限，书中难免存在不足之处，恳请广大专家、学者和读者批评指正。

著 者

目　录
CONTENTS

第1章　绪论 ··· 001

 1.1　概述 ··· 001

 1.2　混合动力车辆与混合动力系统 ································· 002

  1.2.1　混合动力车辆与混合动力系统定义 ······················ 002

  1.2.2　混合动力系统能量平衡 ······································ 003

  1.2.3　混合动力系统节油原理 ······································ 004

 1.3　混合动力系统构型 ·· 008

  1.3.1　串联式混合动力系统构型 ···································· 008

  1.3.2　并联式混合动力系统构型 ···································· 009

  1.3.3　混联式混合动力系统构型 ···································· 011

 1.4　混合动力系统关键控制技术及其发展趋势 ················· 011

  1.4.1　混合动力系统关键控制技术 ································ 011

  1.4.2　混合动力系统控制技术发展趋势 ························· 013

第2章　车辆混合动力系统模型 ··· 015

 2.1　概述 ··· 015

2.2 面向能量优化控制的系统数学模型描述 ··· 015
2.2.1 发动机稳态模型 ··· 015
2.2.2 电机稳态模型 ··· 017
2.2.3 电池模型 ··· 018
2.2.4 变速箱模型 ··· 020
2.2.5 整车模型 ··· 022
2.2.6 驾驶员模型 ··· 024

2.3 面向多模式瞬态切换控制的系统动态模型描述 ··· 025
2.3.1 发动机动态模型 ··· 025
2.3.2 电机动态模型 ··· 026
2.3.3 传动总成动态模型 ··· 028
2.3.4 动力耦合装置模型 ··· 029

2.4 面向前向仿真环境应用的整车模型 ··· 033

2.5 小结 ··· 035

第3章 混合动力系统模式切换控制 ··· 036

3.1 概述 ··· 036

3.2 并联构型模式切换问题分析 ··· 036

3.3 分层模式切换控制方案 ··· 039
3.3.1 模式切换鲁棒分层控制策略设计 ··· 039
3.3.2 常规离合器控制转矩指令设计 ··· 040
3.3.3 鲁棒控制器转矩指令设计 ··· 040
3.3.4 离合器位置跟踪控制器设计 ··· 043
3.3.5 仿真研究 ··· 046

3.4 基于自适应双环控制框架的模式切换控制 ··· 052
3.4.1 发动机和电机协调控制 ··· 053
3.4.2 外环控制器设计 ··· 054
3.4.3 内环自适应控制器设计 ··· 055
3.4.4 结果与分析 ··· 060

3.5 小结	071

第4章 串联混合动力系统能量优化控制 … 072

4.1 概述	072
4.2 串联混合动力系统能量优化控制现存问题及描述	073
4.2.1 基于规则的功率分配策略	073
4.2.2 基于优化的功率分配策略	074
4.2.3 前后功率链协调控制问题	075
4.2.4 发动机调速方式优化问题	076
4.3 解决方法	079
4.3.1 前后功率链协调控制策略研究	079
4.3.2 基于优化的功率分配策略研究	083
4.3.3 功率预测控制策略研究	088
4.4 结果与分析	094
4.4.1 前后功率链协调控制策略仿真分析	094
4.4.2 最优功率分配策略的仿真分析	096
4.4.3 功率预测存储控制策略的仿真分析	099
4.5 小结	101

第5章 并联混合动力系统能量优化控制 … 102

5.1 概述	102
5.2 并联混合动力系统能量优化控制现存问题及描述	102
5.3 解决方法	103
5.3.1 驾驶行为分类研究	104
5.3.2 基于马尔可夫链的驾驶员模型	111
5.3.3 基于随机模型预测控制的能量优化控制	113
5.3.4 基于多目标最优的能量优化控制	119
5.4 结果与分析	126
5.4.1 基于驾驶意图识别的能量优化控制结果分析	126
5.4.2 基于多目标优化的能量优化控制结果分析	133

5.5 小结 … 141

第6章 混联混合动力系统能量优化控制 … 142
6.1 概述 … 142
6.2 混联混合动力系统能量优化控制现存问题及描述 … 148
6.3 解决方法 … 150
    6.3.1 行驶工况判断 … 151
    6.3.2 基于工况识别的车速预测 … 152
    6.3.3 在车速预测下基于博弈模型的能量优化控制 … 154
    6.3.4 在车速预测下基于模型预测控制的能量优化控制 … 157
6.4 结果与分析 … 158
    6.4.1 基于博弈论的能量优化控制结果分析 … 159
    6.4.2 基于模型预测控制的能量优化控制结果分析 … 164
6.5 小结 … 168

第7章 考虑混合动力系统热特性的能量优化控制 … 169
7.1 概述 … 169
7.2 混合动力系统热特性现存问题及描述 … 169
7.3 解决方法 … 171
    7.3.1 电池电热模型 … 171
    7.3.2 电机电热模型 … 176
    7.3.3 考虑电池寿命的能量优化控制方法 … 178
    7.3.4 考虑电机温度的能量优化控制方法 … 179
7.4 结果与分析 … 181
    7.4.1 考虑电池寿命的能量优化控制结果分析 … 181
    7.4.2 考虑电机温度的能量优化控制结果分析 … 185
7.5 小结 … 187

第8章 智能网联混合动力车辆的能量优化控制 … 188
8.1 概述 … 188
8.2 智能网联车辆新技术概述 … 189

8.2.1 智能网联车辆发展历程与现状 ……………………………………… 189
8.2.2 智能网联车辆新技术介绍 …………………………………………… 190
8.3 基于车-车交互的混合动力车辆能量优化控制 ……………………… 191
8.3.1 自适应巡航控制技术简介 …………………………………………… 191
8.3.2 跟车过程中的混合动力车辆能量优化控制问题形成 ……………… 194
8.3.3 仿真实例与结果分析 ………………………………………………… 196
8.4 基于云端优化的混合动力车辆能量优化控制 ………………………… 198
8.4.1 车辆远程监控系统简介 ……………………………………………… 198
8.4.2 基于云端优化的混合动力车辆能量优化控制问题形成 …………… 199
8.4.3 仿真实例与结果分析 ………………………………………………… 200
8.5 基于路径优化的混合动力车辆能量优化控制 ………………………… 202
8.5.1 智能车辆路径全局规划问题介绍 …………………………………… 202
8.5.2 基于路径优化的混合动力车辆能量优化控制问题形成 …………… 205
8.5.3 仿真实例与结果分析 ………………………………………………… 206
8.6 小结 ………………………………………………………………………… 208

参考文献 ……………………………………………………………………… 209

第1章
绪　　论

1.1　概　　述

汽车已成为我国人民必不可少的交通工具之一。据统计，2022年我国汽车保有量为3.19亿辆，是世界第一汽车大国，汽车消耗石油量占总消耗量的1/3以上。此外，汽车行业是当前我国碳排放增长最快的领域之一，约占全国总碳排放量的8%。汽车尾气造成大气环境严重污染，由汽车保有量持续攀升导致的能源安全、环境污染以及碳排放等问题日渐严峻。因此，汽车节能减排已是一个亟待攻克的技术难题，亦是车辆工程研究领域共同追求的目标。

混合动力车辆是解决上述问题的主要技术路径之一，发展车辆混合动力技术是我国汽车行业发展重大战略选择。2020年10月，由工信部指导、中国汽车工程学会发布的《节能与新能源汽车技术路线图2.0》明确指出：至2035年，节能汽车全面实现混合动力化。混合动力车辆之所以可以实现节能减排，主要原因是利用混合动力系统引入的电机产生的驱动力/制动力，在合理的整车控制逻辑作用下，代替或补偿上述过程中的燃油驱动力/机械制动力，从而形成不同的工作模式应对不同驾驶工况需求的节油机理，掌握高效高品质混合动力系统控制技术是推动混动技术进步的核心。

1.2 混合动力车辆与混合动力系统

1.2.1 混合动力车辆与混合动力系统定义

混合动力车辆通常是指驱动力来源于不同的能源或回收的再生能源的车辆。以再生制动系统为例,其通过机械或电容器获取并储存车轮在制动时释放的能量。一种作为主要推动力;另一种起支持主要动力能源的作用。常用的能量来源有燃油、电池、燃料电池、太阳能电池和压缩气体等,而常用的驱动系统包含内燃机、电机、涡轮机等[1]。其中,使用燃油驱动内燃机和电池驱动电机作为动力源的车辆称为油电混合动力车辆,本书中所提到的混合动力车辆即为此类车辆。

混合动力车辆整合了纯电动车辆的电机、高压电池和传统车辆的内燃机[2]。换句话说,混合动力车辆集合了纯电动车辆和传统车辆的优势,改善了车辆效率。电机提供了额外的动力作为车辆的牵引力和在制动时产生再生能源。相比于内燃机车辆,混合动力车辆有以下优势:提高燃油经济性,减少排放和噪声,更长的发动机和制动系统使用寿命和更低的使用成本。

如图1.2.1所示,混合动力车辆的动力总成称为混合动力系统,通常包含发动机(内燃机)、电动机、动力耦合装置三个核心子系统。

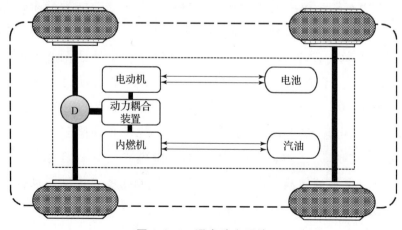

图1.2.1 混合动力系统

1.2.2 混合动力系统能量平衡

混合动力车辆的节能特性主要体现在能量利用率高，通俗来讲，利用同样一箱汽油，由于传统内燃机车辆的能量损失很高，最终用于车辆驱动的能量只占所消耗总能量的很小部分，所能行驶的里程较短；而在混合动力车辆中，能量损失较小，可以利用车辆驱动的能量更多，所能行驶的里程更远。通过对比传统内燃机车辆与混合动力车辆的在运行过程中的能量平衡图，可以更清楚地了解混合动力车辆对能量的利用情况。

传统内燃机车辆对包括汽油、柴油、天然气在内的石油资源依赖程度很高，且对燃料的利用效率偏低，其中由于发动机自身效率问题，其内部损耗约占58%；发动机怠速过程的能量损耗大约占15%；由发动机带动的车载附件如转向助力泵、空调压缩机等损耗能量约占5%；另外，在机械传动系统上的能量损耗约占7%；最终仅有约15%的燃料能量被用于车辆运行，如图1.2.2所示。

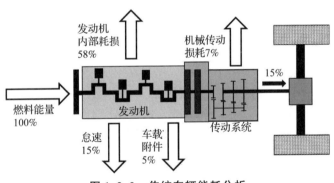

图1.2.2 传统车辆能耗分析

由于传动内燃机车辆的发动机需要提供车辆行驶的所有动力，其工作的转速转矩与行驶工况直接相关，发动机大多数时间在低效率区域工作，能量损耗较多。并且传统内燃机车辆在制动时采用摩擦制动，车辆的动能都转化为热能消散，造成能量浪费。在混合动力车辆中，由于电机辅助工作，内燃机大多在最佳转速和转矩组合下运行，因此具有较低的燃料消耗和高效率。此外，混合动力车辆还能够回收制动消耗的能量，极大地提高了能量利用率。以并联混合动力车辆为例，发动机内部损耗大约占58%；由于电机辅助调节发动机工作状态，发动机怠速过程的能量损耗减小到约 5%；由发动机带动的车载附件损耗能量约占 5%；由于电机电池的工作效率损耗的能量约占 5%；在机械传动系统的能量损耗约占 7%；此外，回收制动过程中的能量大约占 20%；最终约有 40% 的燃料能量被车辆运行所利用，如图 1.2.3 所示。相比于传统内燃机车辆，能量利用率约提高 25 个百分点。

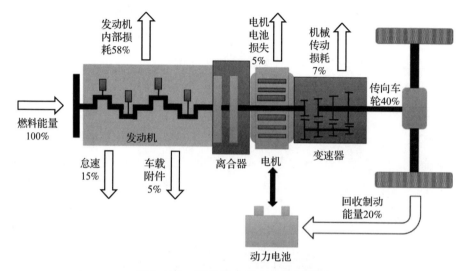

图 1.2.3 混合动力车辆能量平衡图

1.2.3 混合动力系统节油原理

混合动力系统有两种动力源，这种多动力源的结构为其动力系统的设计提供了一定的自由性，能够通过多能源之间的相互协调配合获得传动车辆所难以达到的排放性能以及燃油经济性，从而在不同的工况下都能获得优异的整车性能。以并联混合动力车辆为例，在车辆行驶过程中可以实现 6 种工作模式，如图 1.2.4 所示，通过对系统结构特点的充分利用实现发动机－电机能量深度耦合，并协同整车控制策略保证发动机的高效运行。

下面对图 1.2.4 中并联混合动力车辆的 6 种工作模式与其节油原理进行简要描述。

1. 怠速停机

发动机在怠速状态下工作时，不对外输出功率，但是此时的发动机耗油

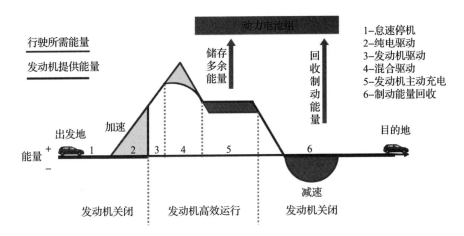

图 1.2.4 并联混合动力车辆多工作模式运行示意图（附彩插）

量较高，如图 1.2.5 中红色区域所示。为减少不必要的发动机怠速能量消耗，混合动力车辆将根据实际需求关闭发动机进入怠速停机模式，该模式可单独运行在特定工况，如车辆拥堵路段及交通信号灯停车怠速等待过程；也可以和其他工作模式共同运行，如车辆运行在纯电驱动模式或制动能量回收模式的同时根据实际情况（空调、助力转向等附件的运行是否由发动机提供动力）开启怠速停机。

2. 纯电驱动

在车辆起步时，需求动力系统输出高转矩、低转速，发动机工作效率较低，如图 1.2.5 中红色区域所示。为克服发动机在车辆起步工况的油耗高、排放差的缺点，在动力电池电量充足的前提下，混合动力车辆在车辆起步过程进入纯电驱动模式，在此模式下，车辆驱动力由驱动电机单独提供，发动机根据实际情况（空调、助力转向等附件的运行是否由发动机提供动力）进行怠速停机。

3. 发动机驱动

当车辆行驶工况与发动机高效区间对应，混合动力车辆运行在发动机驱动模式时，整车驱动能量由发动机单独提供，其动力传递过程与传统内燃机车辆的一致。

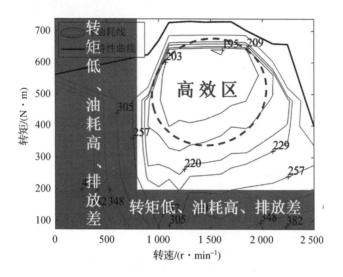

图 1.2.5 发动机油耗高、排放差区域（附彩插）

4. 混合驱动

车辆行驶在爬坡工况或急加速工况时，需要动力系统输出较高功率，此时若发动机单独驱动，将工作在外特性曲线附近，燃油经济性较差。混合动力车辆在动力电池电量充足的前提下，进入混合驱动模式，让发动机工作在高区间，其余需求功率由电机提供，如图 1.2.6 所示。

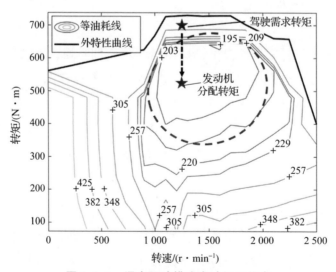

图 1.2.6 混合驱动模式发动机工作点

5. 发动机主动充电

发动机驱动能量有剩余时，即发动机运行在低负荷工况下，混合动力车辆在动力电池电量没有达到上限的前提下，进入发动机主动充电模式。在此模式下，电机进入发电模式为发动机提供额外负载，保证发动机进入高效区间运行，如图 1.2.7 所示。

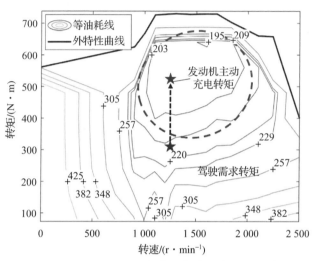

图 1.2.7 发动机主动充电

6. 制动能量回收

在车辆减速制动工况，混合动力车辆在动力电池电量没有达到上限的前提下，进入制动能量回收模式。在该模式下，电机运行在发电模式，为动力电池充电，如制动需求转矩超过电机所能提供最大制动转矩，则电机输出最大制动转矩，剩下的制动转矩由机械制动系统补偿。

混合动力车辆的节油率 α 可以定义为，在相同车型、工况条件下，内燃机车辆与混合动力车辆油耗之差与内燃气车辆油耗的比：

$$\alpha = \frac{m_{f\_ICEV} - m_{f\_HEV}}{m_{f\_ICEV}} \tag{1.2.1}$$

式中，m_{f_ICEV} 为内燃机车辆的油耗；m_{f_HEV} 为混合动力车辆的油耗。

混合动力车辆节油原理：通过对上述混合动力车辆各工作模式的分析，混合动力车辆主要通过纯电驱动、工作点调节、发动机启停和制动能量回收等实现节油行驶。总结来说，混合动力车辆的节油机理为利用清洁能源（如电能）代替发动机在其高油耗高排放区域运行,并最大化制动能量回收,从而实现高效节油行驶。

1.3 混合动力系统构型

根据动力耦合方式混合动力系统构型分为三种类型:串联式混合动力、并联式混合动力和混联式混合动力[3],三种类型的结构原理如图 1.3.1 所示。

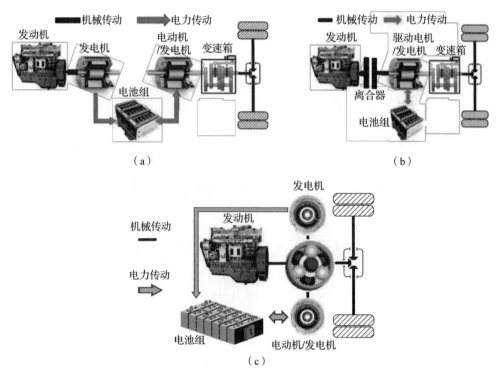

图 1.3.1 混合动力系统的三种典型构型示意图

(a) 串联式;(b) 并联式;(c) 混联式

1.3.1 串联式混合动力系统构型

串联式混合动力系统中,发动机和电机通过发电机和逆变器实现电力耦合,没有直接的机械耦合,如图 1.3.1 (a) 所示。发动机不参与整车驱动,只用于带动发电机产生电能。因此,发动机可一直工作在效率最高的工作点,整车效率取决于电池充放电效率和驱动电机工作效率。但是能量经过多次转化,整体效率偏低,且燃油经济性的优化空间较小。目前,市场上的产品种类较少,主要用于增程式电动车辆。串联式代表性车型有宝马 i3、雪佛兰沃蓝达等。

1.3.2 并联式混合动力系统构型

并联式混合系统中,发动机和驱动电机通过动力耦合装置实现机械耦合,没有直接的电力耦合,如图 1.3.1(b)所示。动力耦合装置通常采用多挡自动变速箱,发动机、电机均参与整车驱动。具有发动机驱动、电机驱动、混合驱动、再生制动等多种工作模式。通过合理的模式切换与换挡策略,可提高发动机工作效率从而提升整车效率,结构简单,燃油经济性的优化空间大,实际应用广泛。并联式代表性车型有奥迪 A3 e-tron、大众高尔夫 GTE、本田思域 IMA、宝马 i8 等。并联混合动力系统的核心部件是变速耦合机构,适合商用车长时间大载荷运行特点。商用车混合动力系统的代表性企业有美国伊顿、德国采埃孚、美国艾里逊、中国苏州绿控等公司。

基于自动变速箱的并联混合动力系统构型,具有结构简单、工况适应性好、能够兼顾动力性与燃油经济性的特点,在乘用车和商用车上都有广泛的应用。此构型一般采用单电机,即在传统燃油车的驱动与传动系统中安装一台电机,根据电机安装位置,可以分为 P0~P4 五种形式,如图 1.3.2 所示。

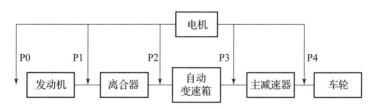

图 1.3.2 基于自动变速箱的并联混动构型 5 种形式

P0 形式是指电机安装在发动机之前,用来快速启动发动机。因为电机通常采用皮带轮的方式与发动机曲轴连接,电机功率较小,通常采用 48 V 电力系统,不能参与驱动和制动能量回收,属于轻度混合动力,拥堵路况下节能3%～5%，如奔驰C260L、长安CS55等。

P1形式是指电机安装在发动机之后、离合器之前，可以用于启动发动机、辅助发动机驱动和受限制的制动能量回收，也称为ISG（Integrated Starter Generator，汽车启动发电一体机）技术，电机的功率可以提高，仍属于轻度混合动力技术，如本田思域等。

P2形式是指电机安装在离合器之后、变速箱之前，可以用于启动发动机、直接驱动车辆和不受限制的制动能量回收，电机的功率最大可以做到与发动机功率相当，属于中度或重度混合动力技术，是目前并联中最常用的形式。例如，奥迪A3 e-tron、宝马530e、奔驰C350eL等，以及大部分混动商用车。

P3形式是指电机安装在变速箱之后、主减速器之前，可以用于直接驱动车辆和不受限制的制动能量回收，电机的功率通常较大，属于重度混合动力技术，也是目前比较常用的形式。例如，沃尔沃XC60、宝马i8、比亚迪秦等。

P4形式是指电机安装在主减速器之后，可以安装于轮边或者轮毂，电机不经过减速器直接驱动车辆，所以需要电机的转矩很大，功率通常较大，属于重度混合动力技术，但受制于电机转矩目前采用较少。目前，市场上不少的P4形式混合动力车辆，其本质还是P3形式，虽然电机位于变速箱的主减速器之后，但还是经过了差速器才连接到车轮，因此这里将其划分为P3形式。

实际应用中，由于P0形式相比于常规燃油车布置改动最小，所以不少车型从燃油车过渡到轻度混动时通常采用这种形式；P1虽然相比于P0更有优势，但是需要对发动机与自动变速箱整体进行改动，与P2类似但又不及P2的优势，所以目前采用的车型较少；P2从总体性能上来看是最优的，因此是目前市场上最主流的形式；P3对发动机与自动变速箱整体的改动较小，总体性能也较为优异，也被较多车型采用。

实际上，基于自动变速箱的并联混动构型可以拓展出多种形式混联构型，通常称为串并联构型，如常见的方式有P0/P1与P2/P3组合，P2和P3组合等。甚至可以取消变速箱，仅采用离合器进行动力耦合。

1.3.3 混联式混合动力系统构型

混联式混合动力系统中，发动机与驱动电机既能通过电力耦合，又能通过机械耦合，结合了串联式与并联式的特点。动力耦合装置有多挡自动变速箱和行星齿轮系两种，结构复杂，工作模式多，工况适应较好，燃油经济性的优化空间大。近几年，电控技术、机械制造技术不断提高，为混联式混合动力车辆提供了良好的技术基础，相关技术的研究与应用逐渐增多，混联式代表性车型有丰田普锐斯、本田雅阁、福特蒙迪欧、雪佛兰迈锐宝等。

基于行星齿轮机构的机电耦合方案常用在混联式结构中，最具代表性的是功率分流型。根据耦合机构中包含的行星齿轮组排数的不同，可分为单排、双排和多排结构；根据发动机输出的机械功率与电功率的耦合方式不同，又可分为输入分流式、输出分流式和复合分流式；根据混合驱动模式的多少可分为单模式、双模式和多模式等。功率分流型混合动力的根本优点在于其能够实现发动机与车轮端的转速转矩解耦，故称为电子无级变速器，具有发动机工作点可调的特点。通过优化控制算法的开发，应用双电机进行转速调节、转矩补充，在满足车辆动力性需求的情况下能够获得良好的整体效率。

1.4 混合动力系统关键控制技术及其发展趋势

1.4.1 混合动力系统关键控制技术

通常根据时间尺度将被控对象划分为快变子系统和慢变子系统，以简化控制器的设计[4]。在设计快变子系统的控制器时，将慢变量看作常数；在设计慢变子系统的控制器时，忽略快变量的影响。由于系统变化的快-慢是相对的，可以根据时间尺度依次将系统划分为若干个子系统，这样就可以将一个复杂系统的控制问题分解为多个简单子系统的控制问题，从而大大提升了控制系统的研发效率。

混合动力系统的控制策略是一个复杂的控制问题,分层控制的思想被广泛应用。混合动力车辆的控制系统可以被划分为两个层次:稳态能量优化层和动态协调控制层[5]。前者忽略发动机、电机以及变速箱等部件的动态响应特性,主要解决稳态的多目标优化问题;后者根据各部件动态响应速率的不同,主要解决驱动和制动过程中的动态协调控制问题。此外,混合动力系统的控制可以更细致地划分为三个层次:组织层、协调层和控制层[6]。其中组织层主要解决能量优化控制问题,协调层主要解决车辆的启动、加速、巡航、减速、停机等模式内的控制问题,控制层主要解决发动机、电机和电池组等部件的控制问题。本书将面向整车能量优化控制技术和多子系统协同控制技术,对混合动力系统关键控制技术展开论述。

(1)整车能量优化控制技术也称为能量管理策略(Energy Management Strategy,EMS),是混合动力车辆上层的控制方法。转矩/功率分配策略是整车能量优化的核心控制算法。混合动力车辆驱动和制动都存在两个动力源,动力源之间的功率/转矩的分配决定了能量消耗的多少。需要根据驾驶员意图、车辆状态、前方道路工况等信息,在车辆驱动时合理分配发动机和电机的驱动力,在车辆制动时合理分配电机和机械制动系统的制动力,尽可能保证发动机和电机工作在高效区,同时电机尽可能多地回收制动能量。

(2)多子系统协同控制技术是保证混合动力系统高效、平顺运行的控制技术,主要包括三部分:①驱动/制动的执行控制技术;②多模式瞬态切换控制技术;③制动能量回收技术。其中多模式瞬态切换控制是混合动力系统平顺运行的关键。为了实现发动机电机的优势互补、提高系统运行效率,多种运行模式之间需要频繁切换,对系统运行的平顺性提出了极大的挑战。例如,发动机的启停、介入与退出,极易诱发系统抖振;在传统的机械制动过程中增加电机制动能量回收环节,易导致制动失稳;静止从坡道上起步,电机驱动力不足,需要发动机、离合、制动系统共同配合,控制不当会导致坡起后溜。因此,需要研究混动模式瞬态切换控制技术,保障系统的平顺运行。

1.4.2 混合动力系统控制技术发展趋势

1. 串联式混合动力系统控制技术

串联式混合动力系统,需要将机械能转化为电能,然后再将电能转化为机械能,因为经过了两次能量转换,所以整体的效率较低。同时,需要驱动电机用来代替传统的发动机达到牵引的目的,所以电池容量、发电机和驱动电机的功率都不能太小,串联式混合动力系统大多数应用在大型车辆中。近些年来,混动专用发动机、电机技术、动力电池技术以及电力电子技术发展迅速。阿特金森发动机的最高热效率、电机和功率电子元件效率以及电池能量密度不断提高,使结构最为简单,能量优化控制也相对简单的串联混合动力系统越来越受到关注。因此,串联混合动力系统控制技术将会是未来的一大研究热点。

2. 智能混合动力车辆混合动力系统控制技术

智能化、网联化、电动化等已经成为当前车辆发展的主要趋势,智能驾驶技术为解决交通安全、通行效率、能源短缺和排放污染等问题提供了新的技术途径,同时在特种作业无人车辆领域如特定场景下的通勤车辆、无人矿车等,甚至未来构想的陆空两栖智能车辆等领域,智能自主驾驶技术均具有非常广泛的应用前景。智能混合动力车辆搭载智能环境感知与网联设备,融合了混合动力车辆和智能驾驶车辆的优点,可应对复杂运行工况,实现自主安全、节能行驶。然而,环境感知与网联设备为协助车辆实现更高等级的智能自主驾驶,提供了更多的信息数据输入,车辆智能化面临的自主决策与混合动力系统协同控制问题成为影响行驶安全与运行效率的关键要素,亦是未来的发展趋势之一。

3. 陆空车辆混合动力系统控制技术

近年来,人们的出行需求大幅增长,直接造成了城市交通道路频繁性大面积拥堵,以陆、空两栖车辆为代表的城市立体交通工具有望从根本上改善城市交通拥堵的问题。陆、空两栖车辆是一种兼具地面行驶与近地飞行能力的运载工具。这种新颖的机动形式将地面车辆与飞行器的动力系统结合起来,拥有地面行驶与空中飞行两种模式,能够适应立体交通环境。混合动力陆、空两栖车辆的功率分配与能量流优化十分重要。针对复杂的运行环境，需要针对节能、省油、安全和高效等的不同需求，开展混合动力陆空车辆能量管理技术研究，以确保在多种模式下系统能量流的实时高效管理与分配。同时，陆、空两栖车辆混合动力系统子系统协同控制不仅涉及发动机、电机等部件的模式切换，还需要解决地面行驶与飞行行驶两种模式之间的快速平稳切换。因此，混合动力陆、空两栖车辆动力系统的设计与控制比地面汽车或者小型飞机更具有挑战性。

第 2 章
车辆混合动力系统模型

2.1 概 述

本章简要介绍与能量优化控制开发和仿真相关的建模问题,并对混合动力车辆的整车模型进行了合理的简化及数学描述。根据仿真过程中信息的传递方向,混合动力车辆的建模和仿真主要分为两种,分别是前向仿真车辆模型及后向仿真车辆模型[7],两者之间的主要区别在于驾驶员模型上。后向仿真模型从系统需求出发,求得对应的整车需求轮转矩、当前时刻的轮转速等信息,其信息沿着机械传动系统流动,即轮胎到主减速器、变速器,再到离合器、电机、内燃机等。后向仿真车辆模型不考虑驾驶员的意图以及动力系统中的动态过程,运算快耗时短,但偏离实际较远,需多次校验,可用于混合动力车辆性能的评价。相比之下,前向模型仿真信息传递方向与后向建模仿真相反,此种建模所得到的仿真结果与实际情况更为接近但其计算相对复杂,计算时间长,主要面向实际控制算法的仿真应用。因此,本章将以前向整车仿真模型为例进行介绍。

2.2 面向能量优化控制的系统数学模型描述

2.2.1 发动机稳态模型

整车的燃油经济性是整车性能的重要评价指标,发动机作为混合动力系统的核心动力源,其在运行过程中的燃料消耗是决定整车经济性的关键变量,发动机模型的准确性会直接影响发动机管理系统(EMS)的优化质量。一般发动机仿真模型按其建模原理可分为基于试验数据的发动机模型、发动机瞬态模型及发动机平均值模型[8]。

发动机平均值模型是介于发动机瞬态模型与图表式发动机模型之间的一种发动机模型,其具有较高的仿真精度,但对发动机内部的瞬态过程不能进行精确地仿真。一般该模型不会考虑发动机一个循环内燃烧或其他参数的精确变化,而是将其近似看作一个平均分布的过程,在对发动机输出转矩等的求解上能获得较高的精度,但其模型也较复杂,仿真用时较长。

基于试验数据的发动机模型即图表式发动机模型,该模型根据静态数据进行插值以及公式拟合,不考虑发动机的瞬态特性,只关注发动机在以某些变量为输入时,输出量的变化,故而计算效率高,但处理复杂动态过程精度较低。在不重点研究发动机内部的实时变化过程或者发动机的优化设计的情况下,选择简单实用的稳态发动机模型,能够在简化模型加快计算效率的同时,满足所需模型精度。

本章研究的压缩天然气(Compressed Natural Gas,CNG)发动机采用的气耗模型可描述如下:

$$\dot{m}_{CNG} = \frac{P_e b_{CNG}}{367.1 \rho_{CNG} g} \quad (2.2.1)$$

式中:$\dot{m}_{CNG}$为发动机单位时间的 CNG 消耗(mL/s);P_e为发动机功率,由公式$P_e = T_e \omega_e$计算得到(W);b_{CNG}为发动机比气耗(g/(kW·h));ρ_{CNG}为 CNG 密度(kg/m³);g为重力加速度(m/s²)。

需要指出的是,发动机比气耗b_{CNG}是在一定的发动机转矩、转速下,通过查取发动机万有特性数据得到的,其数据来源于发动机稳态工作的台架实验。本章所研究的 CNG 发动机万有特性图如图 2.2.1 所示。

基于上述发动机气耗模型,混合动力车辆百公里气耗费用可由下式计算:

$$M_{CNG} = \frac{Y_g}{10^8 D} \int_0^T \dot{m}_{CNG} dt \quad (2.2.2)$$

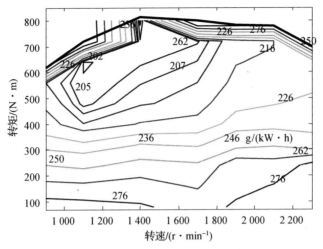

图 2.2.1 CNG 发动机万有特性图

式中：M_{CNG} 为发动机的百公里 CNG 气耗费用；Y_g 为 CNG 市场价格；D 为给定的公交驾驶工况距离（km）；T 为给定的公交驾驶工况时间（s）。

2.2.2 电机稳态模型

电机是混合动力系统中另一个重要的动力源，在纯电驱动模式、电机启动发动机模式以及混合驱动模式下均作为驱动电机输出驱动转矩，在发动机主动充电模式和制动能量回收模式下均作为发电机提供制动转矩且为电池充电[9]。

本书中所用到的电机均为永磁同步电机，与发动机模型类似，这里无须知道电机内部瞬态变化，需要的只是其作为一个被控对象及能量转化装置在不同情况下所达到的效率以及所能输出的扭矩等信息。电机的效率 MAP 图如图 2.2.2 所示，纵坐标为电机转矩，转矩为正表示为驱动电机模式，转矩为负表示处于发电机模式；横坐标为电机转速，图形中的等高线即为对应的电机效率，即

$$\eta_m = f(T_m, n_m) \quad (2.2.3)$$

式中：T_m 为电机转矩（N·m）；n_m 为电机转速（r/min）；f 为电机效率与这两个变量之间的函数关系。

电机作为发电机时输出功率计算如下：

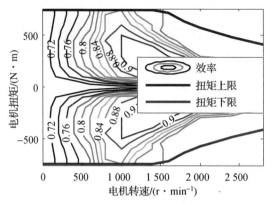

图 2.2.2 电机效率 MAP 图

$$P_m = \frac{T_m \cdot n_m \cdot \eta_m}{9\,550} \tag{2.2.4}$$

该电机在作为驱动电机时消耗功率为

$$P_m = \frac{T_m \cdot n_m}{9\,550 \cdot \eta_m} \tag{2.2.5}$$

对电机而言,其电机转矩 T_m 与电机转速 n_m 遵循以下约束,即

$$T_{mmin}(n_m) \leqslant T_m \leqslant T_{mmax}(n_m) \tag{2.2.6}$$

$$n_{mmin} \leqslant n_m \leqslant n_{mmax} \tag{2.2.7}$$

式中:T_{mmin} 和 T_{mmax} 分别为电机的最小和最大转矩;n_{mmin} 和 n_{mmax} 分别为电机的最小和最大转速。

2.2.3 电池模型

对于混合动力车辆而言,电池在整个动力系统中占据了非常重要的地位[10],电池规格的选取以及电池荷电状态(State of Charge,SOC)的判断都会影响整车性能。电池中存在复杂的热力电化学反应过程,内部作用机理很复杂,很难建立精确地模型来表示其原理,因此采用简化的内阻模型作为电池模型,如图 2.2.3 所示。

通过图 2.2.3 中的内阻模型可以看出,I 为回路电流,R_{int} 为电池内阻,U_{oc} 为开路电压,U 为端电压,根据基尔霍夫电压定律可知,电池电路等效方程可表示为

$$U = U_{oc} - R_{int}I \tag{2.2.8}$$

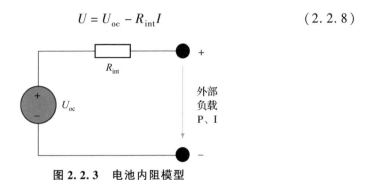

图 2.2.3　电池内阻模型

由式（2.2.8）可以得出

$$P_m = U_{oc}I - R_{int}I^2 \tag{2.2.9}$$

为了得到电池 SOC 这个重要的参数，先要获得电流 I，由式（2.2.9）可得

$$I = \frac{U_{oc} - \sqrt{U_{oc} - 4R_{int}P_m}}{2R_{int}} \tag{2.2.10}$$

当电池容量为 Q_B 时，电流 I 还可以表示为

$$I = -\frac{\mathrm{dSOC}}{\mathrm{d}t} \cdot Q_B \tag{2.2.11}$$

所以，电池 SOC 变化率可以表示为

$$\frac{\mathrm{dSOC}}{\mathrm{d}t} = -\frac{U_{oc} - \sqrt{U_{oc}^2 - 4R_{int}P_{EM}}}{2R_{int}Q_B} \tag{2.2.12}$$

电池功率可以表示为

$$P_{ess} = U_{oc} \cdot I \tag{2.2.13}$$

剩余 SOC 计算公式为

$$\mathrm{SOC} = \mathrm{SOC}_0 - \int \frac{I\mathrm{d}t}{Q} \tag{2.2.14}$$

本章研究对象的原型选用的是钛酸锂电池。由于电池的充放电电阻以及开路电压等参数都受温度影响比较大，与温度呈非线性关系，并且变化比较复杂，精确分析建模难度较大[11]。因此，对该电池进行充放电试验，获得的开路电压及电池充放电内阻随 SOC 变化规律分别如图 2.2.4 和图 2.2.5 所示。

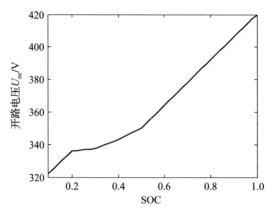

图 2.2.4 电池开路电压随 SOC 变化曲线

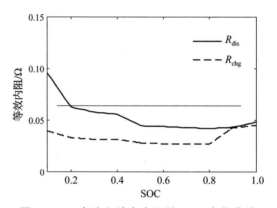

图 2.2.5 电池充放电内阻随 SOC 变化曲线

2.2.4 变速箱模型

自动机械式变速箱（Automated Mechanical Transmission，AMT）作为本书所研究系统中的动力传输装置，其换挡规律会影响整车的动力性和经济性。AMT 的换挡规律可以分为动力型和经济型两种[12]，图 2.2.6 给出了车辆驱动过程中的两种基本换挡规律的换挡特性曲线（由于在 6 挡 AMT 中 1 挡是爬坡挡，所以图中省略了 1 挡升 2 挡的换挡特性曲线）。其中动力型换挡规律利用较低的挡位来获得较高的驱动力，动力型换挡操作的大致表现为延迟升挡、适时降挡；经济型换挡规律尽早换入较高挡位以获得更好的燃油经济性，经济型换挡操作的大致表现与动力型刚好相反[13]。

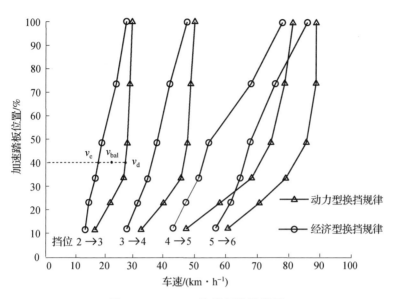

图 2.2.6　AMT 换挡规律示意图

然而，纯动力型换挡规律和纯经济型换挡规律在实际中很难实现，实际中车辆采用的换挡规律多为既倾向经济型又兼顾动力型的平衡型换挡规律。

因此，如图 2.2.6 所示的混合动力车辆在平衡型换挡点的车速可表示为

$$v_{bal} = \varepsilon v_d + (1-\varepsilon) v_e \tag{2.2.15}$$

式中：v_{bal} 为平衡型 AMT 换挡点车速（km/h）；v_d 为动力型换挡点车速（km/h）；v_e 为经济型换挡点车速（km/h）；ε 为 AMT 换挡加权系数。

以混合动力车辆运行在发动机驱动模式为例，在相邻两个挡位的轮转矩可由下式计算得到

$$\begin{cases} T_{wn} = \eta_t \cdot T_e(\omega_{en}) \cdot i_n \cdot i_f \\ T_{wn'} = \eta_t \cdot T_e(\omega_{en'}) \cdot i_{n'} \cdot i_f \end{cases} \tag{2.2.16}$$

式中：T_{wn}、$T_{wn'}$ 分别为 n 挡和 n' 挡时的轮转矩（N·m）；ω_{en}、$\omega_{en'}$ 分别为 n 挡和 n' 挡时的发动机转速（rad/s）；$T_e(\omega_{en})$ 对应 n 挡发动机转速的发动机转矩（N·m）；$T_e(\omega_{en'})$ 对应 n' 挡发动机转速的发动机转矩（N·m）；i_n、$i_{n'}$ 分别为 n 挡和 n' 挡时的 AMT 变速箱速比；n、n' 分别为相邻的两个挡位。

2.2.5 整车模型

本书中研究的重点在于混合动力车辆燃油经济性，整车模型的作用在于对车辆线性运动以及控制的问题的求解，而不用考虑车辆稳定性、轮胎侧向力等因素[14]。因此，在车辆行驶过程中，其受力示意图如图 2.2.7 所示。

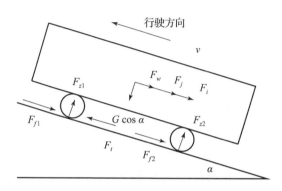

图 2.2.7 车辆行驶受力图

车辆行驶的动力方程为

$$F_t = F_f + F_w + F_i + F_j \tag{2.2.17}$$

F_t 为车辆的驱动力，可表示为

$$F_t = T_w / r \tag{2.2.18}$$

式中：T_w 为作用在车轮上的转矩（N·m）；r 为车轮半径（m）。

F_f 为车辆的滚动阻力，可表示为

$$F_f = G \cdot f \cdot \cos\alpha \tag{2.2.19}$$

式中：G 为车辆的重力；α 为坡道角度；f 为路面摩擦系数。

F_w 为车辆行驶所受到的空气阻力，可表示为

$$F_w = \frac{C_D \cdot \rho \cdot A}{21.15} \cdot v^2 \tag{2.2.20}$$

式中：C_D 为空气阻力系数；A 为车辆迎风面积（m²）；v 为车辆的平均车速（km/h），$v = (v_0 + v_t)/2$，v_0 为计算的起始车速，v_t 为计算的终止车速。

F_i 为车辆在坡道行驶时，其重力在坡道方向的分力，即坡度阻力，可表示为

$$F_i = G \cdot \sin\alpha \tag{2.2.21}$$

F_j 为加速阻力,可表示为

$$F_j = \delta \cdot m_a \cdot \frac{\mathrm{d}v}{\mathrm{d}t} \tag{2.2.22}$$

式中:δ 为旋转质量换算系数;m_a 为车辆质量;t 为时间(s)。

将式(2.2.17)左、右两侧同时移到一侧并综合式(2.2.18)~式(2.2.22)可得二次方程:

$$\frac{1}{2}\rho \cdot A \cdot C_D \cdot V^2 + \left(\frac{2M}{\Delta t} + M \cdot g \cdot f_2 \cdot \cos\alpha\right) \cdot V + \\ (M \cdot g \cdot f_1 \cdot \cos\alpha + M \cdot g \cdot \sin\alpha) - \frac{2 \cdot M \cdot V_o}{\Delta t} - F_t = 0 \tag{2.2.23}$$

令

$$\begin{cases} a = \frac{1}{2}\rho \cdot A \cdot C_D \\ b = \left(\frac{2 \cdot M}{\Delta t} + M \cdot g \cdot f_2 \cdot \cos\alpha\right) \\ c = (M \cdot g \cdot f_1 \cdot \cos\alpha + M \cdot g \cdot \sin\alpha) - \frac{2 \cdot M \cdot V_o}{\Delta t} - F_t \end{cases} \tag{2.2.24}$$

则式(2.2.23)可化简为

$$a \cdot V^2 + b \cdot V + c = 0 \tag{2.2.25}$$

$$V = \frac{-b + \sqrt{b^2 - 4 \cdot a \cdot c}}{2 \cdot a} \tag{2.2.26}$$

由此可计算由牵引力产生的车速 v_t。该混合动力车辆的传动系统由变速箱、主减速器、离合器等部分构成。其中,离合器的主要作用是在车辆在换挡和启停过程中能够平稳过渡,避免系统过载。而其中主减和变速箱的作用主要是提供一定的传动比,并且在车辆行驶过程中,不同工况下变速箱的挡位也因时而异,不同转速及油门开度下的变速箱的挡位是按照所选用(AMT)的动力性换挡以及经济性换挡规律曲线规律性地变化的,基于此换挡规律可建立传动系统模型,其中有

$$T_{\mathrm{dem}} = T_w/I(i)/\eta_T \tag{2.2.27}$$

$$n_e = n_w \cdot I(i) \tag{2.2.28}$$

式中：T_{dem} 为整车动力系统的需求转矩（N·m）；T_w 为车轮转矩（N·m）；$I(i)$ 表示在挡位为 i 挡时对应的传动系统的总传动比；η_T 为传动系统的传动效率；n_e、n_w 分别为电机/发动机转速以及车轮转速（r/min）。

$$T'_i = F_i \cdot T_i \qquad (2.2.29)$$

2.2.6 驾驶员模型

驾驶员模型是仿真模型中的一个重要部分，精准的驾驶员模型需要让驾驶员模型和真实熟练驾驶员具有相似的驾驶行为。因为真实驾驶员的驾驶行为与其生理和心理等因素有关，目前驾驶员模型还不够精准。通常采用经典的控制理论，用期望车速与实际车速偏差的比例积分控制器来表示。

将实际车速 ν_e 与目标车速 ν_i 作差得到速度差 d_ν，通过一定的控制器将此信号转换为加速踏板信号 α_{pedal} 和刹车踏板信号 α_{brake}，从而模仿驾驶员的实际操作过程，使实际车速逐步趋近于目标车速。在本章所建立的驾驶员模型中采用的是传统的比例－积分－微分（Proportional－Integral－Differential，PID）控制器来进行控制。由于其结构简单，稳定性强，工作可靠，调整方便，PID 控制器成为工业控制的主要技术之一。特别在系统或被控对象不能完全了解或确切知道时，非常实用，如此处提到的驾驶员模型正是这样。PID 控制器的输入 $e(t)$ 与输出 $\mu(t)$ 的关系为

$$\mu(t) = k_P \cdot \left[e(t) + 1/T_I \cdot \int e(t)\,dt + T_D \cdot de(t)/dt \right] \qquad (2.2.30)$$

式中：k_P 为比例系数；T_I 为积分时间常数；T_D 为微分时间常数。

通过选择三个合适的参数即可获得不错的控制效果，使用方便。但有利必有弊，PID 在非线性、时变、耦合等复杂过程中，表现得不太良好，而且在某些较为复杂过程中再怎么调节其控制参数都难以获得较好的控制效果。鉴于本模型的特征，使用 PID 控制器在减少计算复杂度的基础上还可达到所需求的目的，因而采用此种控制器，其控制参数分别为 $k_P = 0.1$、$T_I = 10$、$T_D = 0.008$，其数学模型为

$$\left[\alpha_{pedal}, \alpha_{brake} \right] = f(d_\nu) \qquad (2.2.31)$$

2.3 面向多模式瞬态切换控制的系统动态模型描述

2.3.1 发动机动态模型

考虑到发动机为高度非线性系统，系统内部包含了涡轮增压系统、废气再循环（Exhaust Gas Recirculation，EGR）系统以及中冷装置等复杂的子系统，因此发动机动态建模融合了热力学、机械动力学、空气动力学、流体力学等多学科领域知识，同时还涉及燃烧理论，模型建立比较复杂[15]。针对混合动力系统机电耦合驱动过程中的发动机电机协调控制问题，在此过程中发动机的输出转矩、输出转速以及由油门踏板开度得到的喷油量是主要考虑的变量，因此，对发动机的部分模型进行一定简化，建立基于转矩结构的发动机动态模型，该模型由气体动态、燃油动态和曲轴动态三部分动态组成[16]，其模型框架示意图如图2.3.1所示。

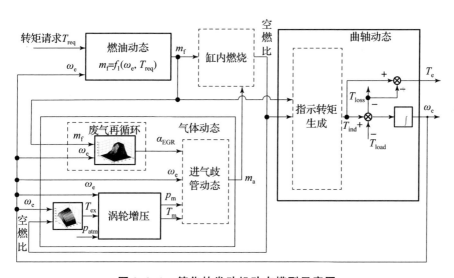

图2.3.1 简化的发动机动态模型示意图

排气温度 T_{ex} 和EGR率均能够根据稳态工作的台架试验数据查表获得。由于涡轮增压系统的动态特性不在本书研究范围内，因此忽略其动态模型描述。进气歧管动态模型的数学表达式如下[17]：

$$\dot{p}_{im} = -\frac{\eta_v V_d \omega_e}{4\pi V_{im}} p_{im} + \frac{R_{gas} T_{im}}{V_{im}}(\dot{m}_c + \dot{m}_{EGR}) \tag{2.3.1}$$

式中：p_{im} 为进气歧管压力（Pa）；η_v 为充气效率；V_d 为汽缸容积（m³）；V_{im} 为进气歧管容积（m³）；R_{gas} 为混合气体常数；T_{im} 为进气歧管里的气体温度（K）；$\dot{m}_c$ 为通过压气机的空气质量流量（kg/s）；$\dot{m}_{EGR}$ 为通过 EGR 的空气质量流量（kg/s）。

燃油动态部分决定着发动机的动态喷油量，其燃油质量流量 $\dot{m}_f$ 可表示为[18]

$$\dot{m}_f = f_1(\omega_e, T_{req}) \tag{2.3.2}$$

式中：$f_1(\omega_e, T_{req})$ 为燃油消耗与发动机转速和转矩的函数关系；T_{req} 为来自整车控制器的需求发动机转矩。

发动机指示转矩的生成取决于发动机汽缸内部油气混合物燃烧对缸内活塞做功的过程，可由下式表示：

$$T_{ind} = \dot{m}_f Q_{lhv} \eta_i \tag{2.3.3}$$

式中：T_{ind} 为发动机指示转矩（N·m）；Q_{lhv} 为燃油低热值（kJ/kg）；η_i 为指示热效率。

曲轴动力学模型可根据牛顿第二定律得到，其表达式如下：

$$J_e \dot{\omega}_e = T_{ind} - T_{loss} - T_{load} = T_e - T_{load} \tag{2.3.4}$$

式中：J_e 为发动机曲轴转动惯量（kg·m²）；T_{loss} 为发动机内部摩擦转矩（N·m）；T_{load} 为发动机负载转矩（N·m）；T_e、ω_e 分别为发动机输出转矩（N·m）和输出转速（rad/s）。

2.3.2 电机动态模型

电机是混合动力系统的核心部件，其高频转矩、转速响应特性使得电机在混合动力系统机电耦合驱动协调控制时可以实现对发动机转矩响应偏差的快速补偿。准确建立其动态模型可以指导电机控制器设计，实现系统的高效机电耦合驱动。

电机是多变量耦合的高度非线性系统，利用三相坐标系描述的动态模型较为复杂,不易进行控制器设计。经过坐标变换将电机模型从 abc 三相坐标系变换到的 $d-q$ 两相坐标系可得到电机 $d-q$ 轴模型,但需要做如下假设[19]:

(1) 忽略电机磁路饱和;

(2) 忽略电动势、磁动势产生的谐波;

(3) 忽略磁滞损耗;

(4) 定子三相系统对称。

另外,假设所选用电机为隐极式,即 $d-q$ 轴电枢电感相等。

当混合动力车辆运行在纯电驱动模式、电机启动发动机模式或混合驱动模式时,电机处于电动模式,此时的电机 $d-q$ 模型如下[20]:

$$\begin{cases} \dfrac{\mathrm{d}i_d}{\mathrm{d}t} = -\dfrac{R_s}{L_{em}}i_d + P\omega_{em}i_q + \dfrac{1}{L_{em}}u_d \\ \dfrac{\mathrm{d}i_q}{\mathrm{d}t} = -\dfrac{R_s}{L_{em}}i_q - P\omega_{em}i_d - \dfrac{P\Phi}{L_{em}}\omega_{em} + \dfrac{1}{L_{em}}u_q \\ \dfrac{\mathrm{d}\omega_{em}}{\mathrm{d}t} = \dfrac{1}{J_{em}}T_{em} - \dfrac{b_m}{J_{em}}\omega_{em} - \dfrac{1}{J_{em}}T_l \end{cases} \quad (2.3.5)$$

式中:i_d、i_q 分别为电机定子 d 轴和 q 轴电流(A);u_d、u_q 分别为 d 轴和 q 轴输入电压(V);R_s、L_{em} 分别为定子电枢电阻(Ω)和定子电枢电感(H);P、Φ 分别为极对数和磁通量(Wb);ω_{em} 为电机转子的转速(rad/s);J_{em}、b_m 分别为电机转子转动惯量(kg·m²)和摩擦阻尼系数(N·m/rad/s);T_{em}、T_l 分别为电机电磁转矩(N·m)和电机负载转矩(N·m)。

当混合动力车辆运行在发动机主动充电模式或制动能量回收模式时,电机处于发电模式,以发动机主动充电模式中电机模型为例,此时电机的 $d-q$ 轴模型可由下式表示[19]:

$$\begin{cases} \dfrac{\mathrm{d}i_d}{\mathrm{d}t} = -\dfrac{R_s}{L_{em}}i_d + P\omega_{em}i_q - \dfrac{1}{L_{em}}u_d \\ \dfrac{\mathrm{d}i_q}{\mathrm{d}t} = -\dfrac{R_s}{L_{em}}i_q - P\omega_{em}i_d + \dfrac{P\Phi}{L_{em}}\omega_{em} - \dfrac{1}{L_{em}}u_q \\ \dfrac{\mathrm{d}\omega_{em}}{\mathrm{d}t} = \dfrac{1}{J_{em}}T_e - \dfrac{1}{J_{em}}T_{em} - \dfrac{B_m}{J_{em}}\omega_{em} - \dfrac{1}{J_{em}}T_l \end{cases} \quad (2.3.6)$$

式中：T_e 为发动机主动充电模式时的发动机输出转矩（N·m）。

电机在电动和发电模式下生成的电磁转矩均可表示为

$$T_{em} = \frac{3}{2}P\Phi i_q \tag{2.3.7}$$

2.3.3 传动总成动态模型

在模式切换过程中，发动机、离合器和驱动电机的变化转矩将会通过传动总成传递至车轮，最终对车身产生作用，影响驾驶员和乘客乘车体验。因此，传动总成模型是分析模式切换问题的基础。车辆由纯电模式切为混动模式的控制问题是最具代表性模式切换控制问题。在此模式切换过程会涉及到发动机和离合器的状态多次改变，以及传动总成的模型的布尔转变。为了研究方便，传动总成模型可根据问题需求进行不同程度简化。图 2.3.2 为一阶简化原理图，此类模型将系统简化为刚体，便于直观分析力的传递过程。

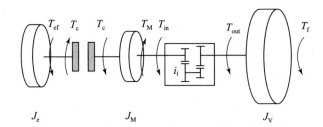

图 2.3.2 基于 AMT 的并联混合动力系统一阶简化原理图

基于图 2.3.2 的一阶原理图，建立模型如下：

$$\begin{cases} J_e \dot{\omega}_e = T_c - T_{ef} \\ J_M \dot{\omega}_M = T_M + T'_c - T_{out} \\ J_V \dot{\omega}_V = T_{out} - T_f \end{cases} \tag{2.3.8}$$

式中：T_{ef} 为发动机负载转矩；T_c 和 T'_c 分别为发动机侧的离合器摩擦转矩和电机侧的离合器摩擦转矩；J_M 和 T_M 分别为电机转动惯量和电机转矩；T_{out} 为 AMT 输出转矩；T_f 为负载力矩；J_V 为整车转动惯量；ω_e、ω_M 和 ω_V 分别为发动机转速、电机转速和车轮转速。

2.3.4 动力耦合装置模型

离合器是车辆动力传动系统的重要部件，它依靠主从动片之间的摩擦力矩来传递动力，并通过分离与接合来控制车辆动力传动系统的工作状态[21]。离合器分离、接合过程的质量对车辆换挡品质和模式切换品质有较大的影响[22]。作为决定系统模式切换的重要环节，离合器接合控制性能还影响着系统电机启动发动机工作模式的运行特性。考虑到电机启动发动机模式中的离合器接合控制问题的重要性，将对该过程中离合器及其执行机构进行详细的模型描述。

这里以干式离合器为例，执行机构利用直流电机驱动蜗轮蜗杆减速机构，通过与蜗轮同心的齿轮旋转带动齿条直线运动，将电机的旋转运动转化为齿条的直线运动，最终通过分离杠杆运动带动拨叉使分离轴承发生轴向位移，实现离合器的接合和分离。离合器工作过程可以分为完全接合、滑摩和完全分离三个状态。

（1）完全接合、完全分离状态。完全接合状态和完全分离状态是稳定的，离合器传递的转矩也是可以确定的，即：

完全接合时，$\omega_e = \omega_c$，$T_c = T_{eo}$

完全分离时，$\omega_e \neq \omega_c$，$T_c = 0$

式中：T_{eo} 为发动机经过飞轮后输出到离合器主动片上的转矩，也就是离合器的输入转矩；ω_c 为从动片转速。

（2）滑摩状态。滑摩状态是两个相对运动的固体表面（主从动片）的摩擦，它只与接触表面的作用有关，而与固体内部状态无关。滑摩的实质是一侧摩擦片将自身的运动传递给与它相接触的另一侧摩擦片，并使两者的运动速度趋于一致，在摩擦过程中存在能量转换。摩擦过程中的摩擦力矩与滑动速度的关系随工况条件变化，当滑动速度消失后存在静摩擦力矩[23]。

滑摩状态是前两个状态间的过渡状态，既可以是由接合到分离的过渡，也可以是由分离到接合的过渡；从传递的摩擦力矩来看，就是摩擦力矩从 0 按照一定规律变化到 T_{eo}，或者由 T_{eo} 变化到 0 的状态。由分离到接合的滑摩状态对车辆性能影响较大,是研究的主要对象。

当主从动片间没有滑摩时,主从动片间存在静摩擦力矩,此力矩保证离合器能够传递动力,驱动车辆前进。静摩擦力矩可由下式计算[24-25]:

$$T_{cs} = N_c \mu_{cs} R_f F_c \tag{2.3.9}$$

式中:T_{cs}为静摩擦力矩;μ_{cs}为摩擦片间的静态摩擦系数;N_c为摩擦面数;R_f为摩擦片等效半径;F_c为弹簧正压力。

当离合器滑摩时,传递的转矩即为动态摩擦力矩,可以由下式来估计动态摩擦力矩[26-27]:

$$T_c = N_c \mu_c R_f F_c \text{sign}(\omega_e - \omega_c) \tag{2.3.10}$$

式中:μ_c为动态摩擦系数。

动态摩擦系数的特性是研究的热点和难点。摩擦过程中主从动片间的相对滑动速度可能引起摩擦片表面层发热、变形、化学变化和磨损等,会显著影响动态摩擦系数。

对于一般弹塑性接触状态的摩擦副,摩擦系数随滑动速度增大而增大到一极大值,然后有所下降,并且随着摩擦副表面刚度或载荷增加,极大值的位置向坐标原点移动。载荷极小时,摩擦系数随滑动速度变化的曲线只有上升部分;而在极大的载荷条件下,曲线只有下降部分。根据试验数据归纳,动态摩擦系数经验公式如下 [图2.3.3(a)][23]:

$$\mu_c = (a + bu)e^{-cu} + d \tag{2.3.11}$$

式中:u为相对滑动速度;a、b、c、d分别为与材料和载荷相关的系数。

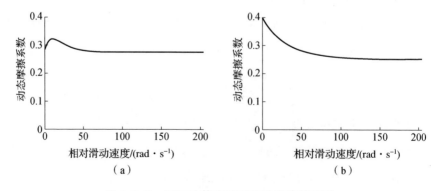

图2.3.3 不同计算方法下的动态摩擦系数

还有研究认为动态摩擦系数随相对滑动速度的变化是一条下降的曲线,在相对滑动速度接近 0 的时候就趋于静态摩擦系数,可以用下式表示 [图 2.3.3（b）] 所示[23]:

$$\mu_c = a + b \cdot e^{-cu} \quad (2.3.12)$$

图 2.3.4 是起步过程中离合器传递转矩变化情况的示意图。若直接采用上述的离合器传递转矩表达式,则 T_c 就不是连续的变化过程,而是会在 t_4 时刻发生阶跃变化。因此,需要更准确的模型估计离合器传递的转矩,为离合器控制奠定基础。

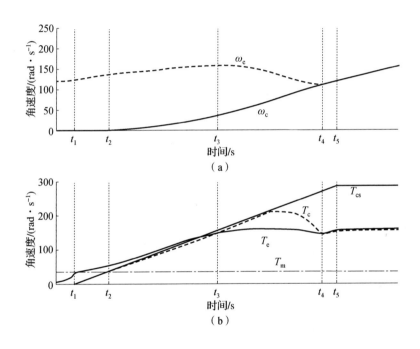

图 2.3.4　起步过程中离合器传递转矩的变化示意图

式（2.3.9）、式（2.3.10）所示的离合器传递转矩表达式称为离合器静态模型,该模型主从动片速差为 0 时会造成 T_c 的不连续。

式（2.3.11）、式（2.3.12）与离合器所承受的载荷相关的。离合器摩擦面上承受的载荷主要是膜片弹簧加在压盘上的正压力 F_c 和离合器输入转矩 T_{eo}。在离合器动态过程中,F_c 与 T_{eo} 是不断变化的,因此式（2.3.11）、式（2.3.12）中的系数是时变的，直接用于离合器传递转矩估计会比较困难。

在离合器由滑磨向完全接合过渡的动态过程中，动态摩擦力矩是渐变的，前期主要取决于膜片弹簧正压力，随着转速差 $|\Delta\omega|$ 的减小，逐渐过渡到主要取决于离合器的输入转矩。因此，在过渡过程中，离合器传递转矩是膜片弹簧正压力与离合器的输入转矩共同作用的，故可以将 T_c 分为两部分：一是只与 F_c 及转速差有关的部分，一是只与离合器输入转矩 T_{eo} 及转速差有关的部分，从而可以将时变的系数变为时不变的系数。

为此，定义狭义动态摩擦系数 μ_{cd} 和输入转矩影响系数 λ 如下：

$$\begin{cases} \mu_{cd} = a - bu - ae^{-cu} \\ \lambda = e^{-du} \end{cases} \quad (2.3.13)$$

式中：μ_{cd} 为狭义动态摩擦系数；λ 为输入转矩影响系数；a、b、c、d 分别为与材料相关的系数。

狭义动态摩擦系数在转速差为 0 时值为 0。狭义动态摩擦系数到达极值后随相对滑动速度增大而下降，下降趋势主要由系数 b 决定。同样，当转速差为 0 时，输入转矩影响系数为 1；当转速差增大时，输入转矩影响系数减小，减小的趋势由系数 d 决定。

在前述基础上，可以得到下列离合器转矩传递特性：

$$T_c = \begin{cases} 0, & T_{cs} = 0 \\ \text{sign}(\omega_e - \omega_c) \cdot \mu_{cd} \cdot F_c \cdot R_f + \lambda \cdot T_{eo}, & \Delta\omega \neq 0 \\ T_{eo}, & T_{cs} > T_{eo} \end{cases} \quad (2.3.14)$$

令式（2.3.13）对 u 所求导数为 0，可以得到最大动摩擦系数 μ_{cmax} 以及此时的相对滑动速度 u_m 分别为

$$\mu_{cmax} = a - \frac{b}{c}\left(\ln\frac{ac}{b} + 1\right) \quad (2.3.15)$$

$$u_m = \ln\left(\frac{ac}{b}\right)\bigg/c \quad (2.3.16)$$

图 2.3.5 是狭义动态摩擦系数和输入转矩影响系数的示意图。

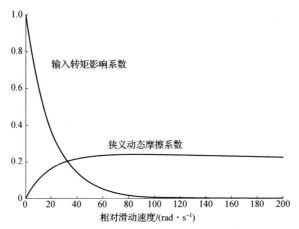

图 2.3.5 狭义动态摩擦系数和输入转矩影响系数曲线

2.4 面向前向仿真环境应用的整车模型

基于以上对混合动力系统各部分的分析及建模，可在 MATLAB/Simulink 中建立适用于仿真分析的混合动力整车模型。

MATLAB 是一种用于数值计算、算法开发、数据分析等方向的具有友好人机交互环境的高级汇编语言。除了自身强大的数值运算能力外，它还拥有为数众多的附加工具箱及组件，Simulink 便是其中之一。在该环境中，不用编写大量程序，只需通过使用其中已有的基本模块便可构造出复杂的动态系统。Simulink 提供了一个图形和可视化的仿真开发环境，被广泛用于线性、非线性、离散及连续多变量系统的仿真和分析。为混合动力车辆的系统建模提供了一个很好的基础平台。

以并联混合动力构型为例，所搭建的整车模型框架原理如图 2.4.1 所示。

该模型主要包含驾驶员模块和 HCU、BMS、ECU、CCU、MCU 等模块，通过从控制层级到执行器层级，即从上层到底层搭建的逻辑，建立起一个面向控制器开发的整车模型。其中根据 2.3 节中对驾驶员模型的描述以及等式可建立驾驶员模型，该模型的输入为实际车速及期望车速，输出为加速踏板以及制动踏板的开度，其中用到了 PID 控制器模块来进行参数调节控制，以及选择、限制模块进行一定的完善。基于 2.3 节中对发动机模型的分析，数

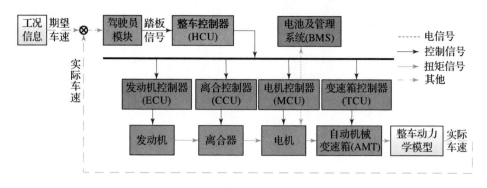

图 2.4.1　并联混合动力模型原理框图

学描述，给出了该发动机的仿真模型，该发动机模型以发动机转速以及转矩作为输入，通过燃油经济性燃油经济性稳态模型（MAP）图插值获得发动机燃油消耗率作为模型的输出。建立了电机模型，以分配的电机转矩以及电机转速为输入，以电机最大发电转矩以及最大电动转矩作为转矩上下限，通过插值获得电机效率，然后根据以上公式计算出电机的功率，以其作为输出。通过 2.3 节中对电池的描述，可建立电池的仿真模型。该模型以电机的功率作为输入，以每一时刻的电池 SOC 为输出。最后，基于前述对动力传动系统的数学描述，可建立如图 2.4.2 所示的动力系统仿真模型，其中的变速箱模块使用 Stateflow 和 Simulink 共同建立，实现不同时刻挡位的判定，同时按照实际过程中的换挡逻辑对换挡过程进行模拟，同理还有离合器的接合过程。

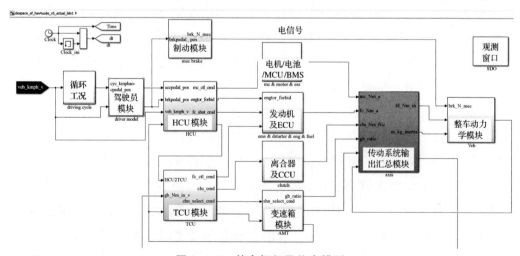

图 2.4.2　整车框架及仿真模型

2.5 小　　结

本章针对混合动力系统的工作特点以及运行机理，对系统主要部件进行了合理的数学描述，包括发动机模型、电机模型、电池模型、传动系统模型、车轮模型、整车动力学模型以及驾驶员模型。然后在 MATLAB/Simulink 中依据整车模型架构，从整车控制器开发设计角度出发，结合实际中的换挡等瞬态控制过程进行混合动力车辆的建模仿真，为后续的研究提供可靠的仿真模型。

第 3 章
混合动力系统模式切换控制

3.1 概　　述

在复杂行驶工况下，混合动力车辆可以根据各动力源的工作特性选择效率最优动力源耦合方式，即选择效率最优的模式。受不同动力源工作特性差异影响，模式切换过程是具有非线性、时变性和离散性的控制过程，这导致模式切换控制成为一种具有挑战的工作，控制性能差不仅影响驾驶体验，而且会增加系统故障率，缩短系统寿命。对串联构型、并联构型和混联构型，模式切换控制都是其核心功能，同时模式切换控制性能改善也是亟待解决的难题。与其他两种构型相比，并联构型主要利用各动力源的转矩耦合，模式切换控制问题对系统的影响更为突出，针对于此的研究也更为广泛。综上所述，本章基于第 2 章的动态模型，对并联构型混合动力车辆的模式切换控制技术进行分析和讨论，并给出一些参考解决方案。

3.2　并联构型模式切换问题分析

当混合动力系统处于模式切换瞬间，如发动机启动时，电机在提供整车驱动所需转矩的同时需增加额外转矩启动发动机。此时，离合器执行机构开始推动离合器接合，发动机转速随着离合器接合位置的变化而不断增加，当发动机转速达到怠速后，整车控制器向发动机管理系统发送点火指令，发动机在调速系统的作用下开始喷油加速,从而使发动机转速与离合器输出端转速差迅速减少,当离合器两端转速差基本一致时,离合器快速接合,发动机完全介入动力系统,然后发动机输出驾驶员期望转矩,电机退出,模式切换完毕。

为了更清晰地描述并联混合动力系统在模式切换过程中的动力学特点,本节将模式切换过程进行了阶段划分,见表3.2.1。需要指出的是,b_{eng}和T_{er}分别代表发动机曲轴上的摩擦阻力系数（(N·m)/(rad/s)）和发动机启动阻力转矩（N·m）,为了方便控制器设计,可以认为发动机启动阻力转矩与当前发动机转速呈简单线性关系,即$T_{er}=b_{eng}\omega_e$。

如表3.2.1所示,为了实现快速平顺的混合动力车辆模式切换过程,在离合器执行机构的能力范围内,1、2、5三个阶段的离合器接合速度可以尽可能地快；而在3、4两个阶段,过快的离合器接合速度会造成整车平顺性下降,同时过快的离合器接合速度需要较大的电机转矩,而在一定功率的电机配置下,电机用来启动发动机的转矩增大必然会减少驱动车辆运行的转矩,造成整车动力性下降。因此,上述两个阶段的离合器接合速度设计需要综合考虑冲击度和滑摩功两个指标,详细的设计过程将在3.3节和3.4节中介绍。

根据采集的混合动力车辆实际运行在模式切换过程中的数据,并结合表3.2.1中给出的模式切换过程的阶段划分,动力系统在所划分的阶段中的转矩、转速以及离合器位置等基本规律如图3.2.1所示。由图可得,在2、3、4三个阶段的离合器转矩为恒值指令,该恒值的获取是通过反复的控制器参数匹配、标定实现的。固定的离合器转矩指令可以方便实际控制器参数标定,然而,三个阶段中的恒定离合器传递转矩也许会造成不必要的滑摩能量损失,过长的滑摩时间进而会造成混合动力车辆驱动过程驾驶性能的恶化。

表3.2.1　模式切换的阶段划分

阶段	动力学模型	进入条件	描　述
1	$J_{veh}\dot{\omega}_{EM}=T_{EM}-T_{Load}$	车速到达发动机开启门限,模式切换开始	离合器从动盘的空行程

续表

阶段	动力学模型	进入条件	描　述
2	$J_{veh}\dot\omega_{EM} = T_{EM} - T_c - T_{Load}$	发动机飞轮与离合器摩擦盘开始接触	由于离合器传递转矩没有超过发动机启动阻力转矩，发动机曲轴保持静止
3	$J_{veh}\dot\omega_{EM} = T_{EM} - T_c - T_{Load}$ $J_e\dot\omega_e = T_c - T_{er}$	离合器传递转矩超过发动机启动阻力转矩，发动机转速开始增加	离合器滑摩阶段
4	$J_{veh}\dot\omega_{EM} = T_{EM} - T_c - T_{Load}$ $J_e\dot\omega_e = T_e + T_c - b_{eng}\omega_e$	发动机转速到达怠速	发动机转速增加通过调速系统的调速作用于及离合器的滑摩作用
5	$J_{veh}\dot\omega_e = T_e + T_{EM} - T_{Load}$	发动机转速与电机转速一致	离合器快速接合阶段

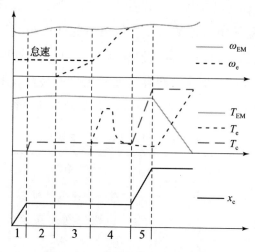

图 3.2.1　模式切换过程示意图

3.3 分层模式切换控制方案

根据上述并联混合动力车辆模式切换问题分析、阶段划分和传动系统动力学模型,为了实现所提出的控制目标,本节提出了一种分层模式切换控制方法。在所提出的控制结构中,上层采用鲁棒H_∞控制,通过考虑滑移能量损失和车辆加速度来获得所需的离合器扭矩。然后通过离合器转矩传递特性曲线,得到所需要的离合器位置。在给定离合器位置和离合器执行机构可能存在参数扰动的情况下,设计具有L_2-增益的鲁棒H_∞控制器,对离合器位置进行精确跟踪。底层控制器设计为具有鲁棒性的 PID 控制器,可以增强所提控制方法的实用性。

3.3.1 模式切换鲁棒分层控制策略设计

由图 3.3.1 可知,所提出的分层控制策略由两部分组成,分别是上层离合器转矩指令设计和底层离合器位置跟踪鲁棒控制器设计。

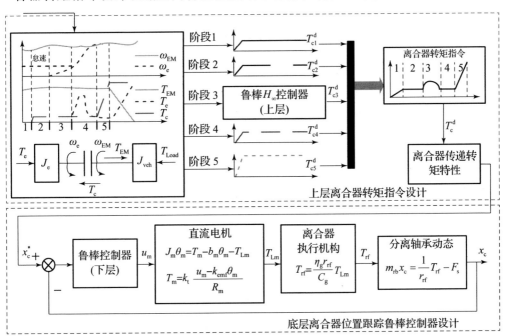

图 3.3.1 基于鲁棒控制方法的分层控制策略示意图

需要指出的是，图中离合器传递转矩特性是由式（2.3.10）和式（2.3.17）共同决定的。此外，图中的 T_{c1}^d、T_{c2}^d、T_{c4}^d 和 T_{c5}^d 分别代表 1、2、4、5 四个阶段的离合器转矩指令，这些指令的数值均是经过重复标定确立的；T_{c3}^d 则是利用鲁棒 H_∞ 控制器计算控制输入变量得到，详细的设计过程在后面给出。

3.3.2 常规离合器控制转矩指令设计

根据 3.2 节的分析可知，可以通过改善阶段 2、3 的离合器转矩指令加快整个模式切换过程。考虑到在阶段 2 中发动机飞轮与离合器从动盘刚接触且没有发生相对运动，短时间步长内的离合器转矩增量不会造成明显的冲击。因此，假设阶段 2 的离合器转矩指令与阶段 1 的一致。在阶段 1、2 的离合器转矩指令可以参照实际控制器给定一个恒值转矩指令，该指令需要结合执行机构特点，以实现最快的离合器接合速度。在阶段 4 中，发动机与电机的转速同步过程不仅仅是依靠离合器接合的滑摩作用，主要是依靠发动机开启后的喷油调速过程，因此该阶段的离合器转矩指令也给定一个恒值转矩，保证转速同步过程不会有较大的冲击度出现。在阶段 5 中，发动机与电机的转速同步已经完成，此时离合器需要快速的闭合，因此该阶段中的离合器转矩指令应该参考实际控制器如图 3.2.1 所示。

需要指出的是，离合器转矩指令的设计需要考虑电机能提供的转矩大小，因为对于已知功率的电机，过大的离合器转矩指令必然会导致驱动车辆的电机转矩下降，从而影响整车动力性，该过程中整车控制器向电机发送的转矩指令可以表示为

$$T_{EM}^d = T_{EM}^* + T_c \qquad (3.3.1)$$

式中：T_{EM}^d、T_{EM}^* 分别为代表电机需求转矩指令（N·m）和用于驱动车辆的转矩（N·m）。

3.3.3 鲁棒控制器转矩指令设计

阶段 3 的离合器转矩指令通过计算鲁棒 H_∞ 控制器的控制输入求得，而鲁棒 H_∞ 控制器的设计需要综合考虑混合动力车辆在模式切换过程中的冲击

度和滑摩功两个约束指标，详细的设计过程如下。

结合表3.2.1中给出的阶段3的传动系统模型描述，定义系统状态变量如下：

$$X_1 = \omega_{EM}, \quad X_2 = \omega_e, \quad X_3 = \omega_{EM} - \omega_e \tag{3.3.2}$$

定义控制变量如下：

$$U_1 = T_{EM}, \quad U_2 = T_c \tag{3.3.3}$$

因此，系统动态模型可表示如下：

$$\dot{x} = Ax + B_1 w + B_2 U \tag{3.3.4}$$

其中，x、w、U 可表示如下：

$$x = \begin{bmatrix} X_1 \\ X_2 \\ X_3 \end{bmatrix}, \quad U = \begin{bmatrix} U_1 \\ U_2 \end{bmatrix}, \quad w = T_{Load} \tag{3.3.5}$$

参数矩阵可表示如下：

$$\begin{cases} A = \begin{bmatrix} 0 & 0 & 0 \\ 0 & -b_e/J_e & 0 \\ 0 & b_e/J_e & 0 \end{bmatrix}, \quad B_1 = \begin{bmatrix} -1/J_{veh} \\ 0 \\ -1/J_{veh} \end{bmatrix} \\ B_2 = \begin{bmatrix} 1/J_{veh} & -1/J_{veh} \\ 0 & 1/J_e \\ 1/J_{veh} & -(1/J_{veh} + 1/J_e) \end{bmatrix} \end{cases} \tag{3.3.6}$$

基于上述模型描述，考虑将整车冲击度 jerk 作为约束指标，其表达式可表示如下：

$$\text{jerk} = \frac{d^2 v}{dt^2} = \frac{r_w}{i_{AMT} i_f} \cdot \frac{d^2 \omega_{EM}}{dt^2} \leqslant j_c \tag{3.3.7}$$

式中：j_c 为车辆能接受的冲击度门限值（m/s³）。

阶段3的滑摩功可表示如下：

$$W_c = \int_{t_0}^{t_f} T_c (\omega_{EM} - \omega_e) dt = \int_{t_0}^{t_f} U_2 X_3 dt \leqslant \frac{1}{2} \int_{t_0}^{t_f} (U_2^2 + X_3^2) dt \leqslant \frac{1}{2} \int_{t_0}^{t_f} (x^T Q x + U^T R U) dt \tag{3.3.8}$$

式中：t_0、t_f 分别为阶段3的开始时刻和结束时刻；Q、R 分别为性能指标的加权矩阵，其表达式如下：

$$Q = \begin{bmatrix} 0 & 0 & 0 \\ 0 & 0 & 0 \\ 0 & 0 & q \end{bmatrix}, \quad R = \begin{bmatrix} 0 & 0 \\ 0 & r \end{bmatrix} \tag{3.3.9}$$

式中：q、r 均为可调参数。

考虑在发动机阻力转矩 T_{er} 在发动机启动过程中也许会因为参数 b_e 发生摄动而出现一定的波动，从而影响该过程的控制效果。因此，式（3.3.4）可以重新描述成如下形式：

$$\dot{x} = (A + \Delta A)x + B_1 w + B_2 U \tag{3.3.10}$$

式中：ΔA 为参数摄动矩阵，可以表示为 $\Delta A = E\Sigma(t)F$，E 和 F 均为已知的合适维数的矩阵。

另外，$\Sigma(t)$ 为未知矩阵，且满足 $\Sigma^T\Sigma \leq I$。定义评价信号如下：

$$z = C_z x + D_z U \tag{3.3.11}$$

C_z 和 D_z 可以表示如下：

$$C_z = \begin{bmatrix} Q^{1/2} \\ 0 \end{bmatrix}, \quad D_z = \begin{bmatrix} 0 \\ R^{1/2} \end{bmatrix} \tag{3.3.12}$$

另外，性能指标可写成如下形式：

$$J = \int_{t_0}^{t_f} z^T(t) z(t) \, dt \tag{3.3.13}$$

根据上述描述，广义被控对象可表示成如下：

$$\begin{cases} \dot{x} = Ax + \bar{B}_1 \bar{w} + B_2 U \\ z = \bar{C}_z x + \bar{D}_z U \end{cases} \tag{3.3.14}$$

其中，$\bar{w} = \gamma^{1/2} w$，$\bar{B}_1$、$\bar{C}_z$、$\bar{D}_z$ 可以表示如下：

$$\bar{B}_1 = \begin{bmatrix} \dfrac{1}{\sqrt{\gamma}} B_1 & E \end{bmatrix}, \quad \bar{C}_z = \begin{bmatrix} C_z \\ F \end{bmatrix}, \quad \bar{D}_z = \begin{bmatrix} D_z \\ 0 \end{bmatrix} \tag{3.3.15}$$

于是，对线性系统式（3.3.4）的轨迹跟踪控制问题变成了一个对式（3.3.14）标准的鲁棒 H_∞ 控制器设计问题。即设计一个控制律 U，保证相

应的闭环系统 $w \neq 0$ 下的有界稳定性，同时将外部干扰 $\bar{w}$ 抑制在 γ 水平之下。注意到系统的线性特性，因此，根据鲁棒 H_∞ 控制理论，达到上述控制目标的必要条件即是找到一个正定矩阵 $P > 0$，可以满足下列雅可比不等式：

$$A^\mathrm{T}P + PA + C_z^\mathrm{T}C_z + \gamma^{-2}PB_1B_1^\mathrm{T}P + \gamma^{-1}PEE^\mathrm{T}P + F^\mathrm{T}F - (PB_2 + C_z^\mathrm{T}D_z)(D_z^\mathrm{T}D_z)^{-1}(B_2^\mathrm{T}P + D_z^\mathrm{T}C_z) < 0 \quad (3.3.16)$$

状态反馈增益矩阵可表示为

$$K = -(D_z^\mathrm{T}D_z)^{-1}(B_2^\mathrm{T}P + D_z^\mathrm{T}C_z) \quad (3.3.17)$$

因此，阶段 3 的离合器转矩可以通过 $U = Kx$ 获得，此外期望的离合器位置信号可以根据由生产厂家提供的离合器传递转矩特性查表获得。

3.3.4　离合器位置跟踪控制器设计

为了实现准确的离合器位置跟踪，结合 2.2.4 节中式（2.2.22）～式（2.2.33）描述的离合器执行机构动态模型，首先定义执行机构系统的误差变量如下：

$$\eta_1 = \int (x_\mathrm{b} - x_\mathrm{b}^*)\mathrm{d}t, \quad \eta_2 = \dot{\eta}_1 = x_\mathrm{b} - x_\mathrm{b}^*, \quad \eta_3 = \dot{x}_\mathrm{b} - \dot{x}_\mathrm{b}^* \quad (3.3.18)$$

式中：x_b^* 和 $\dot{x}_\mathrm{b}^*$ 分别代表期望的离合器位置和期望的离合器接合速度，其信号通过 3.3.2 节和 3.3.3 节中描述的方法获得。

因此，误差模型可以写成如下形式：

$$\begin{cases} \dot{\eta}_1 = \eta_2 \\ \dot{\eta}_2 = \eta_3 \\ a\dot{\eta}_3 = \tilde{u}_\mathrm{m} - b\eta_3 + (\tau_\mathrm{D} - \tau_\mathrm{D}^*) \end{cases} \quad (3.3.19)$$

其中，参数 a、b、τ_D 可分别表示为

$$a = \frac{R_\mathrm{m}(m_\mathrm{rb}C_\mathrm{g}^2 + J_\mathrm{m}\eta_\mathrm{g})}{k_\mathrm{t}C_\mathrm{g}\eta_\mathrm{g}}, \quad b = \frac{k_\mathrm{t}k_\mathrm{emf} + R_\mathrm{m}b_\mathrm{m}}{k_\mathrm{t}C_\mathrm{g}}, \quad \tau_\mathrm{D} = -\frac{C_\mathrm{g}R_\mathrm{m}}{\eta_\mathrm{g}k_\mathrm{t}}F_\mathrm{s}$$

$$(3.3.20)$$

另外，等效控制输入 $\tilde{u}_m$ 可以定义为如下形式：

$$\tilde{u}_m = u_m - (a\ddot{x}_b^* + b\dot{x}_b^* - \tau_D^*) \tag{3.3.21}$$

需要指出的是，τ_D^* 代表参数 τ_D 的稳态值，或者换句话说，参数 τ_D^* 数值的获取是通过对大量测试数据进行查表得到的，而 τ_D 的数值只反映离合器膜片弹簧当前受力特点。因此，$\tau_D - \tau_D^*$ 的数值会出现一定程度的波动，对系统造成干扰。另外，离合器位置信号 x_b 是通过安装在分离拨叉上的角位置传感器得到的角位置并经计算获得的；离合器接合速度信号 $\dot{x}_b$ 是通过近似计算离合器实时位置和离合器接合时间得到的。基于上面的描述，离合器位置跟踪可以通过全状态反馈控制实现。然而，在实际运行过程中，随着直流电机转子的运动，转子摩擦阻尼系数会发生变化，即可以当作系统的不确定参数。因此，考虑了不确定参数与外部干扰存在的误差模型式 (3.3.19) 可重新写成如下形式：

$$\begin{cases} \dot{\eta}_1 = \eta_2 \\ \dot{\eta}_2 = \eta_3 \\ a\dot{\eta}_3 = \tilde{u}_m - (b + \Delta b)\eta_3 + w_D \end{cases} \tag{3.3.22}$$

式中：Δb 为模型参数 b 的摄动项，其摄动的边界取决于直流电机转子材料及其润滑情况。因此，在本章研究中假设 $\|\Delta b\| \leq \rho$，且参数摄动的上界 ρ 为已知的。另外，$w_D = \tau_D - \tau_D^* - \Delta b \dot{x}_b^*$ 被当作系统外部干扰项处理。

基于上述对系统的分析，作为被控系统的广义性能，L_2 增益用来抑制系统外部干扰。具体来讲，系统的评价指标矢量定义为

$$z_d = [\beta_1\eta_1, \beta_2 Z_1, \beta_3 Z_2]^T \tag{3.3.23}$$

式中：β_1、β_2、β_3 为加权系数。

因此，控制目标变为系统当 $w_D = 0$ 时在平衡点处为渐近稳定的，同时当 $w_D \neq 0$ 时，具有 L_2 增益干扰抑制性能，则不等式满足

$$\int_0^T \|z_d(t)\|^2 dt \leq \gamma_d \int_0^T \|w_D(t)\|^2 dt, \quad \forall w_D \tag{3.3.24}$$

式中：$\gamma_d \in (0, 1)$ 为评价因子。

因此，利用系统耗散性理论，针对式 (3.3.22)，带有 L_2 增益干扰抑制

功能的鲁棒控制器设计如下：

$$\tilde{u}_m = -Z_1 + (b - a(k_1 + k_2))\eta_3 - a(1 + k_1 k_2)\eta_2 - \left(\varphi + \frac{1}{2\gamma_d^2} + k_3\right)Z_2 \tag{3.3.25}$$

式中：$\varphi = \rho + \rho^2[(1 - k_1^2)^2 + (k_1 + k_2)^2]/2$，$k_1$、$k_2$、$k_3$ 为控制器可调参数；Z_1，Z_2 为新的变量，可表示如下：

$$\begin{cases} Z_1 = \eta_2 + k_1 \eta_1 \\ Z_2 = \eta_3 + \eta_1 + k_1 \eta_2 + k_2 Z_1 \end{cases} \tag{3.3.26}$$

考虑式（3.3.22）和式（3.3.25）的闭环系统的稳定性分析将在下面进行阐述。

选取正定的李雅普诺夫函数

$$V = \frac{1}{2}\eta_1^2 + \frac{1}{2}Z_1^2 + \frac{a}{2}Z_2^2 \tag{3.3.27}$$

则 V 沿着系统轨迹的微分为

$$\dot{V} = \eta_1(Z_1 - k_1\eta_1) + Z_1(\eta_3 + k_1\eta_2) + \\ Z_2(\tilde{u}_m - (b - ak_1 - ak_2)\eta_3 - \Delta b\eta_3 + w_D + a(1 + k_1 k_2)\eta_2) \tag{3.3.28}$$

针对式（3.3.22）的参数摄动项和干扰项，进行不等式放缩处理如下：

$$\begin{cases} \Delta b\eta_3 Z_2 \leq \sigma Z_2^2 + \frac{1}{2}\eta_1^2 + \frac{1}{2}Z_1^2 \\ Z_2 w_D \leq \frac{\gamma_d^2}{2}w_D^2 + \frac{1}{2\gamma_d^2}Z_2^2 \end{cases} \tag{3.3.29}$$

结合评价指标式（3.3.23），考虑鲁棒控制器式（3.3.25）以及不等式（3.3.29），式（3.3.28）应满足下列不等式：

$$\dot{V} \leq \frac{\gamma_d^2}{2}w_D^2 - \frac{1}{2}z_d^T z_d - \left(k_1 - \frac{1}{2} - \frac{\beta_1^2}{2}\right)\eta_1^2 - \left(k_2 - \frac{1}{2} - \frac{\beta_2^2}{2}\right)Z_1^2 - \left(k_3 - \frac{\beta_3^2}{2}\right)Z_2^2 \tag{3.3.30}$$

其中，控制器可调参数需要满足

$$k_1 \geq \frac{1}{2} + \frac{\beta_1^2}{2}, \quad k_2 \geq \frac{1}{2} + \frac{\beta_2^2}{2}, \quad k_3 \geq \frac{\beta_3^2}{2} \qquad (3.3.31)$$

因此，式（3.3.30）变为如下形式：

$$\dot{V} \leq \frac{\gamma_d^2}{2} w_D^2 - \frac{1}{2} z_d^T z_d \qquad (3.3.32)$$

最后，根据系统耗散性定理，由式（3.3.27）和式（3.3.32）可以得出结论，所设计控制器可以达到上述给定的控制目标。

需要指出的是，系统状态变量的选择以及上述控制器设计过程均表明所设计的控制器与PID控制器类似，即所设计控制器是一类PID型的控制器，同时对参数摄动和外部干扰具有鲁棒性，易于实际控制应用。这种PID型的控制器可以写成如下的典型PID控制器形式：

$$u_{pid} = -K_p \eta_2 - K_i \eta_1 - K_d \eta_3 \qquad (3.3.33)$$

其中，PID增益可由下式表示：

$$\begin{cases} K_p = 1 - a - a k_1 k_2 + \sigma k_1 + \sigma k_2 \\ K_i = k_1 + \sigma + \sigma k_1 k_2 \\ K_d = b - a k_1 - a k_2 - \sigma \end{cases} \qquad (3.3.34)$$

式中：$\sigma = (2\varphi\gamma_d - 2k_3\gamma_d + 1)/2\gamma_d$。因此，带有鲁棒性能的PID控制器控制参数可由式（3.3.34）计算得到。

3.3.5 仿真研究

为了验证所提出方法的有效性，本节结合所建立的混合动力整车模型对该方法进行了仿真验证。所用主要仿真参数如表3.3.1所示。

表3.3.1 仿真参数

参数	数值	参数	数值
x_{ce}	5.74 mm	f_r	0.008
x_{cm}	18 mm	C_D	0.51
J_e	1 kg·m²	ρ_d	1.225 8 kg/m³
J_{veh}	3 500 kg·m²	A_f	8.25 m²

续表

参数	数值	参数	数值
b_{eng}	0.086 N·m/(rad/s)	r_w	0.52 m
m_a	15 000 kg	j_c	15 m/s³
ρ_{CNG}	0.707 kg/m³	η_t	0.85
i_f	5.571	m_{rb}	0.75 kg
J_m	2×10^{-4} kg·m²	r_{rf}	65 mm
R_m	0.355 Ω	g_1	81
b_m	0.008 N·m/(rad/s)	h_1	230 mm
k_t	66.2×10^{-3} N·m/A	r_g	155 mm
k_{emf}	72.3×10^{-3} V/(rad/s)	η_g	45%
Y_{amt}	1.2	a_{xrM}	0.07 g·m/s²

在本节中,为了分析对比仿真试验结果,分别从整车和离合器两方面展开分析。

1. 整车控制仿真结果

本节选用一个公交客车工况中的起步加速阶段作为仿真工况,假设行驶道路为平直路面,即坡道角为0°。根据所设计的上层鲁棒H_∞控制器,选取不同的加权系数会生成不同的控制输入,即获得不同的离合器转矩指令。

此外,本节选取两组具有代表性的加权系数为 A:$q=1$, $r=1\,000$, B:$q=1$, $r=750$,再加上 C 为 3.4.3 节中描述的实际控制器中的常规控制方法,三组控制输入的仿真结果如图 3.3.2 所示。

由图 3.3.2(a)所示,模式切换发生在 61 s,根据表 3.2.1 的阶段划分,前两个阶段消耗了 0.3 s,阶段 3 开始于 61.4 s。与实际控制器中的常规控制方法相比,所设计的上层鲁棒H_∞控制器计算得到的阶段 3 的离合器转矩指令相对较大,而较大的离合器转矩导致了发动机较快的启动,如图 3.3.2(b)所示;而由于阶段 3 离合器转矩的增大造成整个模式切换过程被加快,其中采用 A 加权系数的鲁棒控制得到的离合器转矩指令与常规控制 C

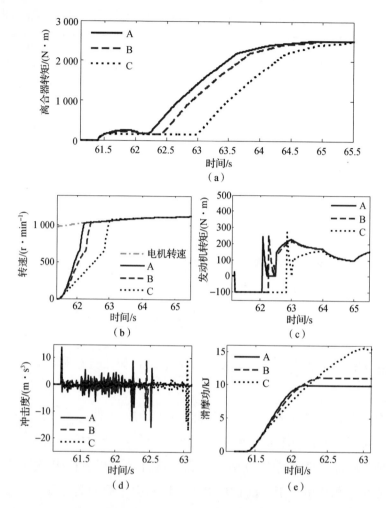

图 3.3.2　上层控制仿真结果图

(a) 离合器转矩指令；(b) 发动机、电机转速信号；(c) 发动机转矩；
(d) 整车冲击度；(e) 滑摩功

比较模式切换过程时间缩短了 0.9 s，采用 B 加权系数的鲁棒控制得到的离合器转矩指令相比常规控制 C 模式切换过程时间缩短了 0.7 s。图 3.3.2（c）中负的发动机转矩反映了发动机启动过程被电机输出转矩拖动的转矩方向，而转矩凸起的部分反映了发动机在发动机管理系统的控制作用下喷油、增加输出转矩的过程。由图 3.3.2（d）和（e）可得，在模式切换开始时刻（61.3 s）较大的整车冲击度是由离合器从动盘开始接触发动机飞轮瞬间造成的。类似地,在模式切换结束时刻(62.3 s,62.5 s,63.1 s)较大的冲击度是由于发动机的身份由一个负载变为主动输出转矩的动力源瞬间的转矩换向,但是整个过程的冲击度都在可以接受的门限 15 m/s³ 以内。此外,由于相对较短的模式切换过程,由带有不同加权系数 A、B 的鲁棒控制得到的离合器转矩指令与常规控制 C 相比生成了较小的滑摩能量损失,提升了该过程的传动效率。考虑到整车冲击度和模式切换时间之间的平衡,三组控制得到的离合器转矩指令里 B 是相对合适的。

2. 离合器跟踪控制仿真结果

为了验证所设计控制方法的跟踪控制性能,选取经典的 PID 控制器作为对比控制方法,其表达式如下:

$$u_m = -k_p \eta_2 - k_i \int \eta_2 dt - k_d \frac{d\eta_2}{dt} \quad (3.3.35)$$

式中:k_p、k_i、k_d 分别为 PID 控制的比例积分微分增益。

所设计下层鲁棒控制器与 PID 控制器的控制参数选择如下:$k_1 = 5.6$,$k_2 = 1.5$,$k_3 = 1.4$,$\gamma_d = 0.01$,$\rho = 1$,$k_p = 3400$,$k_i = 3631.5$,$k_d = 545$。需要指出的是,k_p、k_i、k_d 是通过多次仿真系统调试,并选取其中系统跟踪性能较好的一组作为 PID 控制器的控制参数。

仿真选取的离合器转矩指令是由 3.3.4 节中采用加权系数 B 的鲁棒 H_∞ 控制计算得到的,根据离合器传递扭矩特性查表得到离合器期望的位置信号如图 3.3.3 所示。

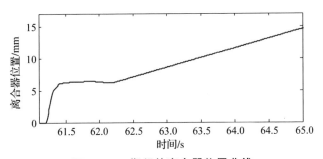

图 3.3.3 期望的离合器位置曲线

针对给定的离合器位置期望曲线,下层控制器的控制性能将在以下的三种仿真工况下进行评估。

工况1：考虑离合器执行机构系统为标称系统；

工况2：考虑离合器执行机构系统在运行过程中发生20%的参数摄动；

工况3：考虑离合器执行机构系统运行过程中受到如图3.3.4所示的外部干扰，该干扰模拟了实际过程中可能出现的机械变形和间隙。

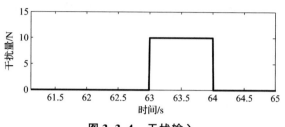

图3.3.4 干扰输入

因此，三种工况下的仿真结果如图3.3.5、图3.3.6和图3.3.7所示。

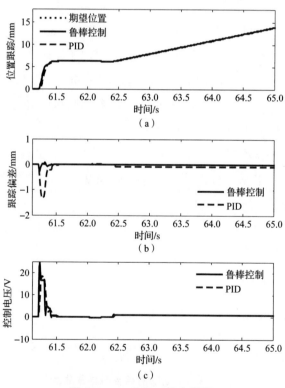

图3.3.5 工况1仿真结果

（a）位置跟踪曲线；（b）跟踪偏差；（c）控制电压

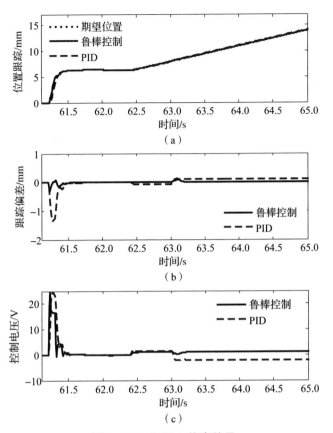

图 3.3.6　工况 2 仿真结果

（a）位置跟踪曲线；（b）跟踪偏差；（c）控制输入

如图 3.3.5（a）和（b）所示，系统在所设计的鲁棒控制器的作用下，位置跟踪性能明显优于 PID 控制器，且控制电压如图 3.3.5（c）所示均处于合理的电压范围内。当电机转子轴摩擦系数是系统的不确定参数，在 63 s 时刻模型参数 b 发生 25% 的摄动。如图 3.3.6（a）和（b）所示，采用 PID 控制的执行机构系统在 63 s 时刻出现了恒值的稳态误差，而采用所设计的鲁棒控制器的系统跟踪偏差在经历一定调整后又收敛到 0。结合图 3.3.6（c）所示的控制电压对比，可以得出结论所设计的鲁棒控制器在应对系统参数摄动是有效的。可以从图 3.3.7（a）和（b）看到，当系统在 63~64 s 受到干扰时，PID 控制的跟踪控制性在已知干扰输入的作用下变得恶化，出现了较大位置跟踪偏差，而所设计的鲁棒控制器由于带有 L_2 增益干扰抑制功能，

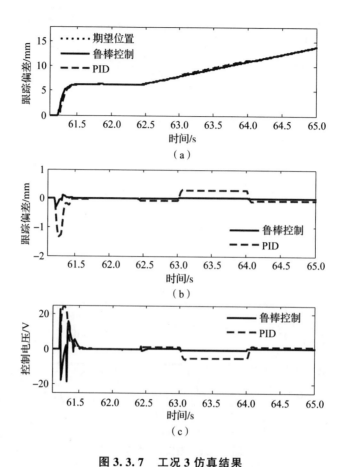

图 3.3.7 工况 3 仿真结果

(a) 位置跟踪曲线；(b) 跟踪偏差；(c) 控制输入

所以在受到干扰作用时，控制器将干扰对系统的影响抑制在 γ_d 之下，结合图 3.3.7（c）所示的控制电压对比结果，可以得出结论所设计鲁棒控制器对于已知的阶跃干扰具有干扰抑制作用。

3.4 基于自适应双环控制框架的模式切换控制

本节基于 2.3.4 节模型，提出了一种新的自适应双环控制方案，以实现混合动力车辆的高效模式切换。控制系统结构示意图如图 3.4.1 所示，由发动机与电机协调控制、外环控制器和内环控制器三部分组成。协调控制部分主要负责离合器结合控制过程中高级车辆控制器与发动机管理系统和电机控制器等低级控制器之间的协调。在外环中，在已知转速和离合器传递力矩反馈的情况下，可以采用两种方法设计控制律。第一种方法是通过定义成本函数和约束条件的优化算法求解离合器接合期望转速；第二种方法是采用实用的方法设计期望的离合器啮合速度，以平衡离合器的滑摩功率和冲击度，然后通过选择合适的控制器参数得到期望的离合器结合速度。在内环中，根据期望的离合器接合速度，内环自适应控制器的设计考虑了参数不确定性和执行器间隙引起的扰动。需要注意的是，发动机转矩命令 T_e^d、电磁转矩命令 T_{EM}^{dem}、发动机输出转矩 T_e、电磁输出转矩 T_{EM}、发动机与电磁之间的转速偏差 $\Delta\omega$ 等转矩和转速信号通过控制器局域网络（Controller Area Network，CAN）总线传输。

通过计算蜗杆和齿轮的旋转角度 θ_1，可以得到离合器的位置 x_c，这可以由车载传感器测量。离合器扭矩 T_c 可以通过查找实时离合器位置表得到。此外，内环自适应控制器的输入变量为离合器位置偏差积分 x_1、离合器位置偏差积分 x_2、离合器位置偏差微分 x_3。内环控制器的详细描述将在 3.4.3 节中给出。

3.4.1　发动机和电机协调控制

如图 3.4.1 所示，协调控制方案起到连接外环和内环控制器的作用。在这一部分，利用电机和发动机协调离合器完成模式转换过程。为简单起见，将电机和发动机的控制模型近似为一阶时滞模型[28]。

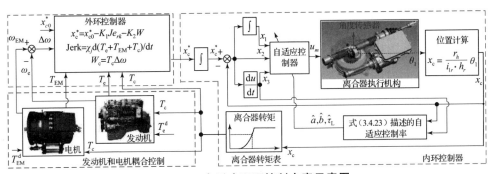

图 3.4.1　自适应双环控制方案示意图

$$T_{EM} = \frac{e^{-\tau_1 s}}{t_{EM}s + 1} T_{EM}^{dem} \qquad (3.4.1)$$

式中：τ_1 和 t_{EM} 分别为电机的时滞系数和时间常数。

同样，发动机模型也可以写成

$$T_e = \frac{e^{-\tau_2 s}}{t_e s + 1} T_e^{d} \qquad (3.4.2)$$

式中：τ_2 和 t_e 分别为发动机的时滞系数和时间常数。

根据所研究的并联混合动力系统制造商提供的测试报告 $\tau_1 = \tau_2 = 1$ ms，$t_{EM} = 1$ ms 和 $t_e = 100$ ms。

在模式转换过程中，离合器接合控制的设计应考虑发动机与电机之间的耦合关系。当车速达到限速阈值时，整车控制器将模式切换信号发送到底层控制器。当 AMT 的控制单元接收到信号时，离合器开始结合。同时，整车控制器将总的电机转矩命令 T_{EM}^{d} 发送到电机控制器，输出驱动转矩，同时启动发动机，描述如下：

$$T_{EM}^{dem} = T_{EMd}^{*} + T_c^{*} \qquad (3.4.3)$$

式中：T_{EMd}^{*} 为驱动车辆所需的扭矩；T_c^{*} 为离合器扭矩命令。

3.4.2 外环控制器设计

结合离合器扭矩和发动机与电磁之间的转速偏差，得出离合器接合滑移功率为

$$\dot{W} = T_c \Delta\omega \qquad (3.4.4)$$

混合动力车辆传动系统在模态转换过程中的冲击度如式（3.3.7）所示。在这一部分，考虑离合器滑模功率和车辆的冲击度获得了外环控制输入。通过减少并联混合动力系统的离合器滑移能量损失来减少模式转换时间，同时将车辆的冲击保持在可接受的范围内。因此，仅将离合器滑摩功作为优化指标，而车辆冲击度作为约束。优化问题可以用下式来描述：

$$\begin{cases} \min W \\ \text{s. t. } |\text{jerk}| \leq \delta_j \end{cases} \qquad (3.4.5)$$

式中：δ_j 为优化过程中车辆颠簸的极限。

同时，优化过程应满足以下约束条件：

$$\begin{cases} T_{el} \leqslant T_e \leqslant T_{eh} \\ T_{EMl} \leqslant T_{EM} \leqslant T_{EMh} \\ \omega_{el} \leqslant \omega_e \leqslant \omega_{eh} \\ \omega_{EMl} \leqslant \omega_{EM} \leqslant \omega_{EMh} \end{cases} \quad (3.4.6)$$

式中：下标 el、eh、EMl 和 EMh 分别表示发动机的下限、发动机的上限、电机的下限和电机的上限。

本节采用标准 PSO 算法求解上述优化问题。该算法并不是关键，因此 PSO 的细节部分将不再展开。优化结果将在 3.4.4 节中显示。

值得注意的是，所提出的优化方法可以获得最优期望离合器接合速度。然而，这种方法面临两个主要问题：①优化算法的计算速度对实际车辆控制器的应用有显著影响；②最优解对应于固定的运行工况，当工况变化时，不匹配可能导致控制性能下降。

一般来说，较慢的离合器接合速度会导致更多的摩擦功损失和更小的冲击感。反之，离合器接合速度越快，摩擦能量损失越小，额外冲击度越大。滑摩功率与冲击度之间的权衡值可以作为评价离合器结合质量的综合指标[29]。因此，我们还采用了混合动力车辆在模式切换过程中的综合指标来计算期望的离合器接合速度。换句话说，快速和平稳离合器接合过程可以实现通过考虑之间的平衡滑摩功率和冲击度。本节基于试错法的控制器可构造为

$$\begin{cases} \dot{x}_b^* = \dot{x}_{b0}^* - K_1 \text{jerk} - K_2 \dot{W} \\ \text{s.t.} \quad \dot{x}_b^* \in [0, \dot{x}_{b0}^*] \end{cases} \quad (3.4.7)$$

式中：$\dot{x}_b^*$ 为所期望的离合器接合速度；$\dot{x}_{b0}^*$ 为用于自由位移的初始接合速度；K_1 和 K_2 为可调参数。

通过反复试验，可以得到外环控制器的控制参数。虽然试错法缺乏理论支持，但它是一种基于工程师大量经验的直接方法，很容易应用于车辆控制器。

3.4.3 内环自适应控制器设计

根据理想的离合器结合速度，设计了内环自适应控制器来实现轨迹跟

踪。自适应控制方法在离合器执行器[30-31]的控制器设计中得到了广泛的应用。本节采用反演方法设计了内环自适应控制器及其更新规律。首先，考虑式（3.4.8）~式（3.4.15）所示的不确定参数和间隙，得到被控对象的误差方程。然后，从式（3.4.16）~式（3.4.27），根据Lyapunov稳定性定理分析系统的稳定性，得到控制输入。最后，根据拉萨尔（LaSalle）不变集原理生成自适应更新律，如式（3.4.28）~式（3.4.31）所示。

结合2.3节中的系统模型，可以将离合器执行器模型改写为

$$\frac{(m_{rb} \cdot r_h \cdot K_G + G \cdot i_{m1} \cdot \eta_{m1} \cdot J_m) R_m}{G \cdot i_{m1} \cdot \eta_{m1} \cdot K_t \cdot K_G} \ddot{x}_b = u_m - \frac{K_t \cdot K_{emf} + B_m \cdot R_m}{K_t \cdot K_G} \dot{x}_b + \frac{R_m}{i_{m1} \cdot \eta_{m1} \cdot K_t} d(T_1) - \frac{r_h \cdot R_m}{G \cdot i_{m1} \cdot \eta_{m1} \cdot K_t} F_c \quad (3.4.8)$$

为简单起见，选取以下3个参数：

$$\begin{cases} a = \dfrac{(m_{rb} \cdot r_h \cdot K_G + G \cdot i_{m1} \cdot \eta_{m1} \cdot J_m) R_m}{G \cdot i_{m1} \cdot \eta_{m1} \cdot K_t \cdot K_G} \\ b = \dfrac{K_t K_{emf} + B_m R_m}{K_t} \\ \tau_L = \dfrac{R_m}{i_{m1} \cdot \eta_{m1} \cdot K_t} d(T_1) - \dfrac{r_h \cdot R_m}{G \cdot i_{m1} \cdot \eta_{m1} \cdot K_t} F_c \end{cases} \quad (3.4.9)$$

因此，式（3.4.8）可以改写为

$$a\ddot{x}_c = u_m - b\dot{x}_c + \tau_L \quad (3.4.10)$$

为了建立PID型误差动力学，选取离合器位置偏差、离合器位置偏差积分、离合器位置偏差动作为误差变量，分别表示为

$$\begin{cases} x_1 = \int (x_b - x_b^*) \, dt \\ x_2 = x_b - x_b^* \\ x_3 = \dot{x}_b - \dot{x}_b^* \end{cases} \quad (3.4.11)$$

结合式（3.4.10）和式（3.4.11），系统方程可写为

$$\begin{cases} \dot{x}_1 = x_2 \\ \dot{x}_2 = x_3 \\ a\dot{x}_3 = u_{equ} - bx_3 + \tau_L \end{cases} \quad (3.4.12)$$

式中：u_{equ} 为等效控制输入，$u_{equ} = u_m - u_m^*$，u_m^* 为所期望状态的标称控制输入 x_b^*。

在实际情况下，由于加工误差，齿轮与齿条之间存在齿隙。随着使用时间的增加，齿轮侧隙也会随之变化。同时，随着运行环境的变化，电枢电阻、传递效率等参数可视为不确定参数。因此，考虑了具有不确定参数的离合器执行器系统。

具有不确定参数 a、b 和 τ_L 的离合器执行机构系统的动力学可以改写为以下形式：

$$\begin{cases} \dot{x}_1 = x_2 \\ \dot{x}_2 = x_3 \\ a\dot{x}_3 = u_{equ} - bx_3 - \tilde{b}\dot{x}_c^* + \tilde{\tau}_L - \tilde{a}\ddot{x}_b^* \end{cases} \quad (3.4.13)$$

式中：$\tilde{a}$、$\tilde{b}$ 和 $\tilde{\tau}_L$ 表示实际值与估计值之间的偏差，即

$$\begin{cases} \tilde{a} = a - \hat{a} \\ \tilde{b} = b - \hat{b} \\ \tilde{\tau}_L = \tau_L - \hat{\tau}_L \end{cases} \quad (3.4.14)$$

式中：$\hat{a}$，$\hat{b}$ 和 $\hat{\tau}_L$ 为设计的自适应律估计的模型参数的估计值。

u_{equ} 可以重写为

$$u_{equ} = u_m - (\hat{a}\dot{x}_3^* + \hat{b}x_3^* - \hat{\tau}_L) \quad (3.4.15)$$

式中：x_3^* 为控制器设计过程中所使用的 x_3 期望值。

采用反演方法设计自适应控制器。首先，对于子系统 x_1，定义一个正定 Lyapunov 候选函数，即

$$V_1(x_1) = \frac{1}{2}x_1^2 \quad (3.4.16)$$

V_1 的时间微分可以推导为

$$\dot{V}_1(x_1) = x_1 x_2 \tag{3.4.17}$$

选择虚拟控制器 z_1 为

$$z_1 = x_2 + k_1 x_1 \tag{3.4.18}$$

则式（3.4.17）可改写为

$$\dot{V}_1(x_1) = x_1 z_1 - k_1 x_1^2 \tag{3.4.19}$$

对于子系统 (x_1, z_1)，定义一个正定 Lyapunov 候选函数为

$$V_2(x_1, z_1) = V_1 + \frac{1}{2} z_1^2 \tag{3.4.20}$$

V_2 的时间微分可以推导为

$$\dot{V}_2(x_1, z_1) = z_1(x_1 + x_3 + k_1 x_2) - k_1 x_1^2 \tag{3.4.21}$$

选择另一个虚拟控制器 z_2，可表示为

$$z_2 = x_1 + x_3 + k_1 x_2 + k_2 z_1 \tag{3.4.22}$$

则式（3.4.21）可改写为

$$\dot{V}_2(x_1, z_1) = z_1 z_2 - k_1 x_1^2 - k_2 z_1^2 \tag{3.4.23}$$

对于子系统 (x_1, z_1, z_2)，定义一个正定 Lyapunov 函数，即

$$V(x_1, z_1, z_2) = V_2 + \frac{a}{2} z_2^2 \tag{3.4.24}$$

V 的时间微分可以推导为

$$\dot{V}(x_1, z_1, z_2) = z_2(z_1 + \dot{a} x_3 + a x_2 + a k_1 x_3 + a k_2 \dot{z}_1) - k_1 x_1^2 - k_2 z_1^2 \tag{3.4.25}$$

将式（3.4.14）和式（3.4.18）的导数代入式（3.4.25），则式（3.4.25）可表示为

$$\dot{V}(x_1, z_1, z_2) = z_2 [z_1 + (u_{equ} - b x_3 - \tilde{b} \dot{x}_c^* + \tilde{\tau}_L - \tilde{a} \ddot{x}_c^*) + a x_2 + a k_1 x_3 + a k_2 (x_3 + k_1 x_2)] - k_1 x_1^2 - k_2 z_1^2 \tag{3.4.26}$$

自适应状态反馈控制器可以为离合器执行器设计：

$$u_m = u_{equ} + \hat{a}\dot{x}_3^* + \hat{b}x_3^* - \hat{\tau}_L$$
$$= -k_3 z_2 - z_1 + \hat{b}x_3 - \hat{a}k_1 x_3 - \hat{a}x_2 - \hat{a}k_2 x_3 - \hat{a}k_1 k_2 x_2 + \hat{a}\dot{x}_3^* + \hat{b}x_3^* - \hat{\tau}_L \quad (3.4.27)$$

参数更新规律选择为

$$\begin{cases} \dot{\hat{a}} = \gamma_1 (-\ddot{x}_c^* z_2 + x_2 z_2 + k_1 x_3 z_2 + k_2 x_3 z_2 + k_1 k_2 x_2 z_2) \\ \dot{\hat{b}} = \gamma_2 (-x_3 z_2 - \dot{x}_c^* z_2) \\ \dot{\hat{\tau}}_L = \gamma_3 z_2 \end{cases} \quad (3.4.28)$$

式中：$k_i > 0$（$i = 1, 2, 3$）为自适应控制器的可调参数；$\gamma_i > 0$（$i = 1, 2, 3$）也是用于估计的可调参数。

式（3.4.26）可改写为

$$\dot{V}(x_1, z_1, z_2) = -k_1 x_1^2 - k_2 z_1^2 - k_3 z_2^2 - \tilde{b} x_3 z_2 - \tilde{b} \dot{x}_c^* z_2 + \tilde{\tau}_L z_2 - \tilde{a} \ddot{x}_c^* z_2 +$$
$$\tilde{a} z_2 x_2 + \tilde{a} k_1 x_3 z_2 + \tilde{a} k_2 x_3 z_2 + \tilde{a} k_1 k_2 x_2 z_2 \quad (3.4.29)$$

此外，对于整个系统，选择 Lyapunov 候选函数，即

$$W(x_1, z_1, z_2, \tilde{\Theta}) = V(x_1, z_1, z_2) + \frac{1}{2}\tilde{\Theta}^T \Gamma^{-1} \tilde{\Theta} \quad (3.4.30)$$

式中：$\tilde{\Theta} = [\tilde{a} \ \tilde{b} \ \tilde{\tau}_L]^T$，$\Gamma = \text{diag}\{\gamma_i\}$，$i = 1, 2, 3$。

将式（3.4.23）与式（3.4.13）所描述的自适应规律相结合，得到的时间导数满足

$$\dot{\Gamma} = -k_1 x_1^2 - k_2 z_1^2 - k_3 z_2^2 \quad (3.4.31)$$

因此，根据式（3.4.30）和式（3.4.31），结合 LaSalle 不变集原理，可以得出整个闭环系统在平衡点即 $x_i \to 0$（$i = 1, 2, 3$），当 $t \to \infty$ 处是 Lyapunov 稳定的[32]。因此，自适应估计不需要收敛于实际值。这是我们的自适应控制器和以前使用模型参考自适应控制器的工作之间一个很大的不同。

注 1：注意到系统状态变量的选取和控制器的设计方法表明所得到的状态反馈控制器与经典的 PID 型控制器非常相似。但由于考虑了离合器执行机构的不确定性，式（3.5.27）所描述的控制器是一种具有自适应律的 PID 型

控制器,可以方便地在实际中实现。

注2:具有自适应增益的PID类型控制器可以写成经典的PID控制器类型,即

$$u_{PID} = -k_P x_2 - k_I x_1 - k_D x_3 \quad (3.4.32)$$

PID收益为

$$\begin{cases} k_P = 1 + \hat{a} + \hat{a}k_1 k_2 + k_1 k_3 + k_2 k_3 \\ k_I = k_1 + k_3 + k_1 k_2 k_3 \\ k_D = \hat{a}k_1 + \hat{a}k_2 + k_3 - \hat{b} \end{cases} \quad (3.4.33)$$

该控制器的调节规律与经典PID控制器相同。当控制器增益 k_P、k_I、k_D 和根据期望的瞬态性能确定时,原始控制参数 k_1、k_2,k_3 也可以通过式(3.4.33)得到。

3.4.4 结果与分析

为了验证所提出的控制方案的有效性,本节在不同情况下进行了较为全面的仿真研究。在前人研究成果[31-33]的基础上,在MATLAB/Simulink中建立了混合动力车辆仿真模型。需要说明的是,在我们之前的工作[31]中已经建立了发动机和电机仿真模型,考虑到传动机构的动态特性,离合器作动器的仿真模型见2.3节。仿真所用的测试速度剖面选取自中国江苏省苏州市某城市公交线路的真实公交行驶周期,如图3.4.2所示。此外,还考虑了模型的不确定性,如 R_m 是直流电机一个随时间变化的变量,而不是常数。参考厂家的实际数据,带离合器执行器的混合动力车辆传动系统参数见表3.4.1。

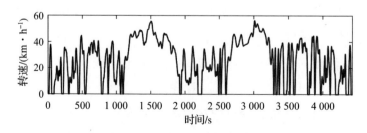

图3.4.2 真实驾驶测试循环

表 3.4.1 混合动力车辆传动系统参数

符号	数值	符号	数值
J_e	1 kg·m²	g	9.8 m/s²
J_{EM}	0.4 kg·m²	R_m	0.355 Ω
J_{veh}	3 500 kg·m²	b_m	0.008 (N·m)/(rad/s)
b_{eng}	0.086 (N·m)/(rad/s)	K_t	66.2×10⁻³ (N·m)/A
m_a	15 000 kg	K_{emf}	72.3×10⁻³ V/(rad/s)
f_r	0.008	m_{rb}	0.75 kg
C_D	0.51	r_h	65 mm
ρ_d	1.225 8 kg/m³	i_{1r}	81
A	8.25 m²	h_r	230 mm
J_m	2×10⁻⁴ kg·m²	r_g	155 mm
r_w	0.52 m	η_{1r}	45%
J_1	2×10⁻⁵ kg·m²	J_2	3×10⁻⁶ kg·m²
b_1	0.002 6 (N·m)/(rad/s)	b_2	0.002 1 (N·m)/(rad/s)
m_{ra}	0.45 kg	J_{EF}	196.7 kg·m²

1. 混合动力系统动力总成的仿真结果

如 3.4.3 节所述，外环控制器的控制参数需要通过试错法来选择。其中，选取三组具有代表性的控制参数为例，结果如图 3.4.3 所示。

图 3.4.3 中 Opt 代表 PSO 算法求解的结果。P1、P2 和 P3 代表的三组参数如下：

$$\begin{cases} \text{P1}: K_1 = 9.5 \times 10^{-6}, K_2 = 2.8 \times 10^{-6} \\ \text{P2}: K_1 = 1 \times 10^{-5}, K_2 = 7.4 \times 10^{-6} \\ \text{P3}: K_1 = 4.2 \times 10^{-5}, K_2 = 3.8 \times 10^{-6} \end{cases} \quad (3.4.34)$$

由图 3.4.3 可以看出，利用 PSO 算法得到了一个最优离合器接合速度，利用实际方法得到了三种不同的期望离合器接合速度。在优化结果中，冲击度的极限设置为 ±7.5 m/s³，整体结果为该特定模态转换过程的最优上限，

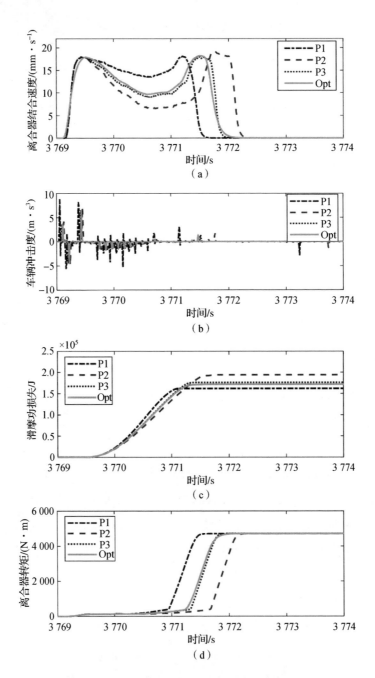

图3.4.3 混合动力车辆动力总成仿真结果

(a) 离合器接合速度；(b) 车辆冲击度；(c) 滑摩功损失；(d) 离合器转矩

不考虑实际能力。与 P1 对应的期望啮合速度曲线对应的模态过渡较快，因此相应的模态过渡时间较短，车辆颠簸变大。P2 的曲线对应离合器接合过程相对较慢，但在离合器滑移过程中会产生大量的滑移能量损失。对于 P3 的控制参数，通过反复试错的方法，可能是最适合实现离合器快速平稳接合性能的参数设置。很明显，使用 P3 的结果与使用 PSO 算法的结果非常接近。由于式（3.4.3）所描述的协调控制和电机功率限制，车辆的一部分驱动力矩用于启动发动机，因此车速表现出较大的偏差。离合器扭矩曲线如图 3.4.3（d）所示。当速度同步阶段结束时，离合器扭矩值应为离合器传递的最大扭矩。

2. 内环自适应控制的结果

为显示所设计的自适应控制器的优点，采用经典的 PID 控制器作为离合器执行器的基线控制器，并在文献［34 - 35］中得到应用。PID 控制输入 u_{pid} 可由下式计算：

$$u_{\text{pid}} = k_{\text{p}}(x_{\text{b}}^* - x_{\text{b}}) + k_{\text{i}} \int (x_{\text{b}}^* - x_{\text{b}}) \mathrm{d}t + k_{\text{d}} \frac{\mathrm{d}(x_{\text{b}}^* - x_{\text{b}})}{\mathrm{d}t} \quad (3.4.35)$$

式中：k_{p}、k_{i} 和 k_{d} 分别为比例增益、积分增益和微分增益。

控制参数选择为 $k_1 = 75$、$k_2 = 986$、$k_3 = 23$、$\gamma_1 = 0.07$、$\gamma_2 = 0.2$、$\gamma_3 = 1 \times 10^4$、$k_{\text{p}} = 1\ 225.21$、$k_{\text{i}} = 7\ 334.31$ 和 $k_{\text{d}} = 211.54$。选取原则如下：可调参数 k_i（$i = 1, 2, 3$）可以保证闭环系统的稳定性和反馈控制器的动态特性。在控制系统[32]中引入自适应更新律后，可调参数 γ_i（$i = 1, 2, 3$）影响闭环系统的稳定性和动态响应。

基线 PID 控制器的输入输出分别为离合器位置偏差 $x_{\text{b}}^* - x_{\text{b}}$ 和直流电机的控制电压。内环自适应控制器通过以下场景进行评估。

情况 1：离合器执行机构系统在 20% 参数扰动下运行，无侧隙。

情况 2：离合器执行机构系统运行时侧隙 $d = 0.1$ mm，无参数扰动。

情况 3：离合器执行机构系统运行时，侧隙 $d = 0.1$ mm，参数摄动 20%。

离合器执行机构系统仿真结果如图 3.4.4 所示。在图 3.4.4 中，跟踪误差表示期望离合器啮合速度与实际值之间的偏差，位置误差表示期望离合器位置与实际离合器位置之间的偏差。

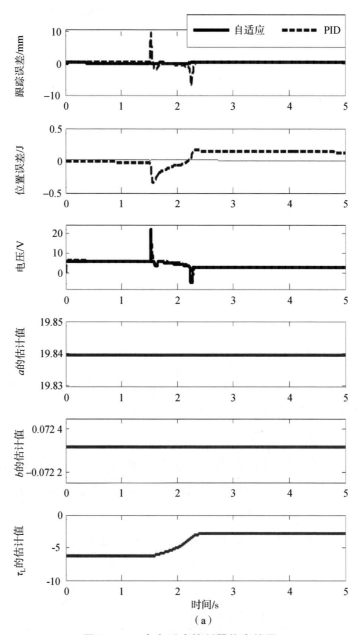

图 3.4.4 内自适应控制器仿真结果

(a) 案例 1 仿真结果

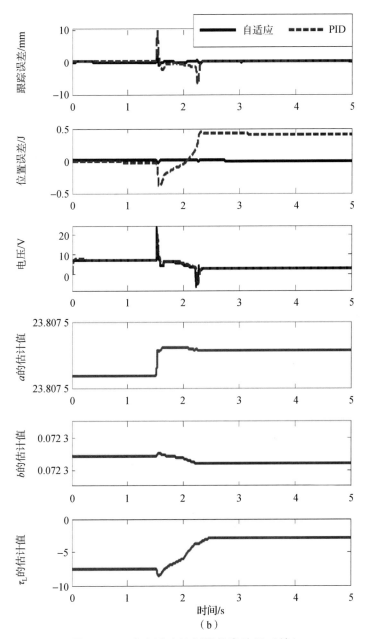

图 3.4.4　内自适应控制器仿真结果（续）

(b) 案例 2 仿真结果

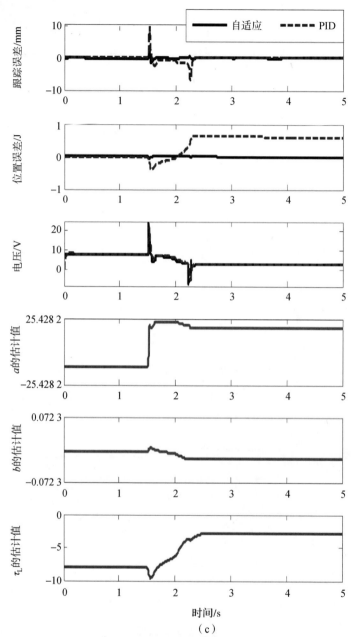

(c)

图 3.4.4　内自适应控制器仿真结果（续）

(c) 案例 3 仿真结果

如图 3.4.4（a）所示情况 1，在 $t=1.5\ \text{s}$ 时，对直流电机电枢电阻加 20% 摄动，将侧隙设为 0。值得注意的是，由于固定的 PID 控制器参数不能响应模型参数扰动，PID 控制器引起的位置误差比情况 1 大。由于具有自适应规律，自适应控制器具有良好的跟踪性能。

在情况 1 下，a 和 b 的估计值不变，离合器执行器系统没有参数扰动。所以 a 和 b 的估计值不变。针对不确定性参数 a 和 b 的影响，设计了一种具有更新规律的自适应控制器来处理潜在的不确定性。更新律的作用是估计不确定性的动态，然后自适应地调整控制输入。该定理是建立在拉萨尔不变集原理的基础上的，拉萨尔不变集原理是我们在设计内环控制器的过程中提到的。其特殊之处在于自适应估计不需要收敛于实值，从而保证闭环系统在初始点处是 Lyapunov 稳定的。由此可见，直流电机的控制电压在合理范围内（低于公称电压 24 V）。如果瞬时控制电压超过 24 V，会损坏嵌入式控制系统，导致系统故障。

在工况 2 中，当 $t=1.5\ \text{s}$ 时，离合器执行机构系统增加间隙 $d=0.1\ \text{mm}$。可以看出，所提出的自适应控制器对离合器执行器系统的跟踪误差波动较小，而 PID 控制器的跟踪误差似乎较大。这表明，间隙的存在对离合器执行器系统的控制性能会产生更明显的影响。

在工况 3 中，在 $t=1.5\ \text{s}$ 时对直流电机电枢电阻加 20% 摄动，齿轮侧隙 $d=0.1\ \text{mm}$。由图 3.4.4（c）可以看出，由于引入齿隙和参数不确定性，PID 控制器的跟踪误差和位置误差明显增大。自适应控制器的啮合速度跟踪在 $t=2\sim2.25\ \text{s}$ 时出现一些误差。在自适应规律的调节下，这些误差很快就被消除了。由于间隙的存在，PID 控制器的状态位置误差约为 0.3 mm，且在动态过程中状态误差显得更加明显。

3. 实车试验结果

为了进一步验证所提出的控制方法的控制性能，进行了实车试验。本节使用的实车测试平台如图 3.4.5 所示。利用基于 MATLAB/Real Time Workshop 的自动代码生成技术，将控制方案和算法编程并嵌入车辆控制器中。实车测试平台中车辆控制器采样时间设置为 5 ms。

图 3.4.5　实车测试平台示意图

传感器信号由 CAN 总线数据采集设备采集，如图 3.4.5（b）所示。所提出的控制方法需要的大部分信号，如力矩和速度信号，从 CAN 总线中获得。实时离合器位置信号不能由位置传感器直接测量。这个问题可以通过采集安装在蜗杆和齿轮上的转角传感器的信号来解决。

在实车试验中，平坦路面条件下进行了两组试验（试验 1 和试验 2），试验 1 采用传统的离合器接合 PID 控制器，试验 2 采用本节提出的方法。控制参数结果如图 3.4.6 所示。

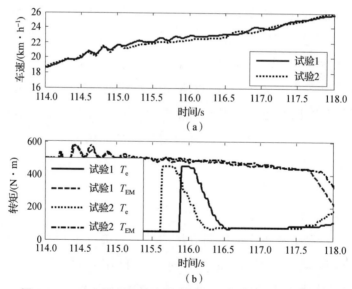

图 3.4.6　PID 控制与提出的控制方法对比结果（附彩插）

（试验 1：传统 PID 控制；试验 2：提出的控制方法）

（a）车速；（b）动力系统转矩

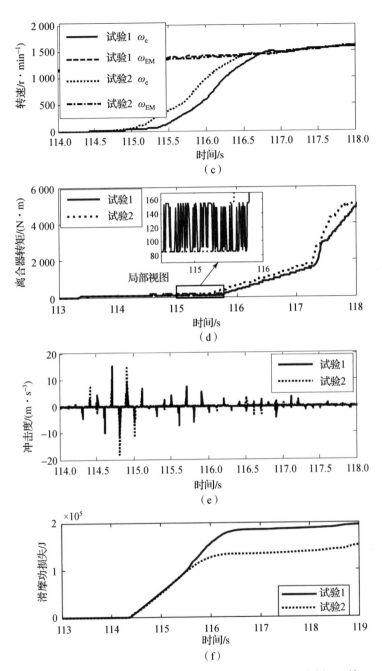

图 3.4.6　PID 控制与提出的控制方法对比结果（附彩插）（续）

（试验 1：传统 PID 控制；试验 2：提出的控制方法）

（c）动力系统转速；（d）离合器转矩；（e）车辆冲击度；（f）滑摩功损失

本章的主题是关于并联混合动力车辆模式从电动模式到混合模式的转变过程。这一过程通常发生在车辆起步和加速工况下，车辆速度在 15~35 km/h。如图 3.4.6 所示，进行了两组车辆起步和加速试验，在 114.5 s 发生模式切换。在这一过程的开始，车速 ［图 3.4.6（a）］ 出现波动，这是由于离合器盘开始接合，发动机曲轴从静止状态开始旋转。因此，这段时间明显的车辆抖动如图 3.4.6（e）所示。由于发动机与电机的协调控制，启动发动机所用的负载转矩由图 3.4.6（b）所示的电机补偿。在 116~117 s 期间，发动机扭矩曲线中的突出部分对应于发动机转速调节。之后发动机加速到空转状态。所提出的控制方法实现了快速模式切换，模态切换时间控制在 2.5 s 以内，如图 3.4.6（c）所示。图 3.4.6（b）和（c）所示的明显时滞说明所提出的控制方法加快了模式切换过程，因此发动机启动比 PID 控制更早。由图 3.4.6（f）可知，两组试验的滑摩功损失均在合理范围内（小于 6×10^5 J）。需要说明的是，在离合器接合过程中，当发动机与电机达到转速同步时，离合器扭矩应为最大传递扭矩，这是实际 CAN 总线协议中离合器扭矩的定义。从图 3.4.6（d）的放大图中可以看出，试验 1 的离合器扭矩有明显的波动，这可能是由于离合器执行器中齿轮的间隙使位置反馈控制性能不理想。但在试验 2 中，离合器扭矩在相同的数值上保持稳定，这只是因为齿轮间隙已考虑。发动机转速同步后，离合器位置进一步改变，所以在试验 1 和试验 2 中离合器扭矩仍然增大。此外，试验 1 和试验 2 的车辆抖动结果基本一致。在 114.8 s 左右，所提出的控制方法的冲击度比 PID 控制器的要大，原因是发动机启动时的加速度导致发动机转速突变，从而带来较大的冲击度。但在此过程中，冲击度在可接受范围内 ［ -15 m/s³, 15 m/s³］。试验 2 的离合器滑摩能量损失比试验 1 小得多，证明了所提控制方法的有效性。定量结果见表 3.4.2。

表 3.4.2 定量的比较结果

参数	PID 控制	本章提出的控制	改善结果/%
模式切换时间/s	2.50	2.11	18.5
滑摩功损失/J	1.88×10^5	1.39×10^5	35.3

综上所述，试验结果表明，该控制方法能使混合动力车辆在模式转换过程中取得良好的控制性能。

3.5 小　　结

本章首先针对并联混合动力车辆在驱动过程中由纯电驱动模式向发动机开启模式转换的模式切换过程控制问题，基于第 2 章所建立的动态模型对模式切换过程进行了分析；然后针对此问题，从两种不同的问题角度展开研究，并分别提出了对应的解决方案以供参考；最后每种方法给出了相应的仿真和试验结果，以及相应的结果分析。

第 4 章
串联混合动力系统能量优化控制

4.1 概　　述

串联式混合动力车辆的发动机与发电机组和电池组联合向车辆供电，采用双侧独立驱动电机驱动，动力性能得到提升，同时多动力源可以为用电装置提供电能。电池组单独供电驱动车辆，可以实现纯电行驶。采用混合驱动，发动机的工作转速与车辆行驶速度解耦，并与电池组等储能装置配合后，能够提高车辆的燃油经济性。减少了机械结构之后，各个部件之间装配不再受限于机械装配关系，可以通过柔性电缆连接各部件，减小传动装置的体积，提高传动装置的功率密度，也有利于其他设备的布置。

串联式混合动力车辆传动技术的难点和重点集中在对各个部件的综合控制和优化。发动机和发电机组之间具有紧密的机械耦合关系，作为车辆的主动力源，两者协同调控，为整车提供稳定、充足的电能供应，发动机发电机组协调控制对提高其工作的稳定性和效率具有重要作用。对于整车的能量管理，要综合考虑车辆中的多动力源和多用电设备间的关系，有效调配动力源，满足各用电设备需要。为解决这些问题，整车控制策略中的功率分配策略是混合动力电传动技术研究的重中之重[36]。

4.2 串联混合动力系统能量优化控制现存问题及描述

4.2.1 基于规则的功率分配策略

目前,采用串联式混合动力系统的军用车辆具有独特的优势,采用发动机-发电机组作为主动力源,而动力电池组、超级电容等作辅助动力源。此方案克服了动力电池组能量密度有限的缺点,同时实现了车辆行驶速度和发动机转速的解耦控制,有利于优化发动机的工作点[37]。多动力源的存在不可避免地增大了能量管理的难度,但是也为实现能量在多个动力源间合理地分配提供了优化空间。

功率分配策略需要优化的目标较多,如提高燃油经济性、延长电池组使用寿命、减小直流母线电压的波动,这些都是制定功率分配策略需要解决的问题。目前,研究的基于规则的功率分配策略主要分为以下几种。

1. 恒温器控制策略

恒温器控制策略的控制目标相对简单[38],即控制发动机-发电机组工作在选定的恒定转速点,发电机的输出功率和电池组功率自动平衡,在这种情况下,电池组的充放电功率难以控制,SOC难以维持,因此该方案的缺点较为明显。

2. 基于功率跟随的控制策略

功率跟随策略是指发动机-发电机组以整车需求功率为目标输出功率,即发电机功率实时跟随整车功率。基于功率跟随的控制策略可以解决电池频繁充放电的问题,还可以获得良好的燃油经济性[39]。但是,实时的功率跟随使发动机-发电机组输出功率变化较大,牺牲了燃油经济性。

3. 改进的功率跟随的控制策略

对功率跟随策略进行一定改进,在低功率需求时单独由电池组供电,避开发动机在低功率时的低效率区,进一步提高了燃油经济性[40]。在超出动力电池组输出能力的范围时,同样采用功率跟随策略,这时发动机-发电机组输出功率跟随需求功率的变化并给电池充电。

4. 恒压控制策略

恒压控制策略是指发电机实时检测母线电压,以稳定母线电压为目标输出功率[41]。母线电压越稳定,供电品质越高,但当整车需求功率突然增大时,为维持母线电压稳定,发动机-发电机组负荷也突然增大,而发动机-发电机组功率输出具有惯性而响应滞后,此时恒压控制可能导致发动机熄火。

5. 电池组恒 SOC 模糊规则控制策略

该策略主要的控制目标为维持电池组 SOC 维持在理想的区间[42]。模糊规则以 SOC 和 SOC 变化率为依据,经过模糊规则计算分配发动机-发电机组的输出功率。模糊控制的鲁棒性较好,控制范围宽,合理设计模糊规则,可以将 SOC 维持在理想的区间。

基于规则的功率分配策略中,以有限的目标为依据制定规则,不能充分挖掘串联式混合动力方案的优势,需要综合的、多目标的功率分配策略,并采用优化方法,进一步提高车辆传动系统的性能。

4.2.2 基于优化的功率分配策略

基于优化的功率分配策略在满足系统约束条件的情况下,求解多目标融合的目标函数的极值,优化目标包括减少油耗,提高燃油经济性,减少系统波动,延长部件使用寿命等。根据优化区间的时间长度,分为全局优化的功率分配策略和实时优化的功率分配策略。

1. 全局优化的功率分配策略

全局优化的功率分配策略多在理论研究阶段,已知车辆在所优化时间内的工况数据,优化目标函数得到全局最优的控制量。优化函数与功率分配策略的控制目标有关,而优化算法多采用动态规划、模拟退火、遗传算法、庞特里亚金极小值原理等[43]。这些算法的计算原理各异,但最终目标都是寻找全局时间的最优控制,计算量大且实际运用无法预知全局工况,因此无法实时运用在实际车辆控制器中。全局优化的能量管理的优化结果是最优的,因此还可以用来跟其他的功率分配策略比较,评价其他的功率分配策略的优劣。

2. 实时优化的功率分配策略

与全局优化不同,实时优化不需要已知全局时间的工况数据,实时优化的功率分配策略是在约束条件下在线寻找最优控制量,使目标函数最小。因此,实时优化的功率分配策略有应用在实际控制器中的潜力。实时优化的功率分配策略主要有等效燃油消耗最小策略、模型预测控制(Model Predictive Control,MPC)等[39]。

等效燃油最小的功率分配策略,引入等效转化因子,将用电设备消耗电池组的电耗转化为发动机消耗的油耗,得到等效的燃油消耗,以其最小为优化目标。保证了每一计算步长的等效油耗最小,实现瞬时的最优控制,但无法实现整个工况周期内的最优控制。MPC方法参考了全局优化的思路,其采用各种途径,预测未来有限时间段内的车速等工况数据,采用与全局优化相似的优化算法,得到预测的有限时间段内的最优控制。常用的预测方法主要根据地理信息、交通数据等信息预测;根据过去统计时间段的车速数据预测[44-45];还有根据预先提取的典型工况特征匹配当前驾驶行为。

4.2.3 前后功率链协调控制问题

在串联式混合动力系统中,发动机-发电机组和电池组为系统功率来源,可以称为前功率链,驱动电机以及其他用电设备为功率消耗单元,可以称为后功率链。前功率链中的发动机-发电机组作为车辆的主要能量源,其地位不言而喻。而发动机-发电机组接受功率分配策略的发电功率指令后,需要准确、快速地输出电功率。在加速工况、爬坡工况等后功率链功率快速上升的过程中,发动机-发电机组需要快速提高输出电功率,但发动机的转速迟滞特性、特殊的外特性和发电机的转矩快速响应特性之间存在一定的矛盾关系,使前功率链中发动机-发电机组联合工作出现调速慢甚至熄火等问题。

为解决此问题,目前主要的方法为对发动机-发电机组采用发动机转速-发电机组转矩进行联合控制:一方面对发动机的多转速切换模式采用过渡过程控制;另一方面对发电机的转矩进行协调控制,解决发电机负载独立控制使发动机提速困难的问题。在发动机-发电机组发电功率输出不能完全跟随发电功率指令时，使用驱动电机转矩加载系数进行控制，减少驱动功率，以实现前、后功率链的联合控制。

在混合驱动模式中，电机接受转矩控制指令驱动车辆行驶，同时发动机-发电机组协调工作，为整车提供电能。整车控制策略如图4.2.1所示，由当前车速的最大驱动功率和驾驶员指令确定当前需求的驱动功率，继而确定牵引电机的需求驱动功率和转矩。同时，根据发动机-发电机组的实际发电功率和电池组的峰值功率约束，通过驱动电机转矩加载系数对电机的转矩指令进行调整，防止驱动电机消耗的电功率过大而对电池组产生冲击，最终确定牵引电机的驱动转矩指令。

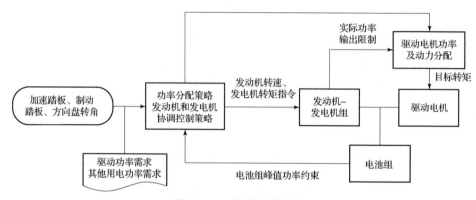

图 4.2.1　整车控制策略

同时，发动机转速控制器目前所采用的主要方法为PID控制方法。在实际应用中，当发动机转速调节采用离散多转速切换的控制方法时，目标转速阶跃变化，发动机的实际转速响应会有较大的超调。这是发动机控制采用PID控制器的不足，发动机目标转速阶跃变换，而发动机实际转速只能在有限时间内连续变化且具有滞后性。在转速调整的过程的初始阶段，PID控制器的积分环节输出不断增大，而当达到实际转速时，积分环节回调需要一定的时间，因此实际工作转速会出现超调现象，影响发动机-发电机组工作的稳定性。

4.2.4　发动机调速方式优化问题

发动机-发电机组是串联混合动力车辆的主要能量源，需要服从于整车功率控制策略的功率分配，从而达到提升整车能量效率的目的。然而，发动机的工作是一个动态过程，如果设计功率控制策略时不加以考虑其动态响应特性，最终发动机的实际工作将无法达到理想的控制效果。一方面，由于发动机的燃油喷射和燃烧延迟，当发动机发电机组的期望功率突然增加时，发动机可能无法及时对目标功率做出响应，导致整车部分功率的缺失，影响车辆动力性；另一方面，在发动机－发电机组的调速过程中，发动机不仅需要克服自身的转动惯量，还需要拖动发电机和飞轮转动，发动机需求功率的过大变化会导致工作点偏离预设的工作轨迹，影响功率控制策略的控制效果。目前，在串联式混合动力车辆中发动机主要的调速方式主要有以下三种。

1. 沿最优经济曲线工作

发动机的万有特性曲线如图 4.2.2 所示，其最优经济曲线为图中红线，指在最小瞬时燃油消耗的前提下输出功率的固定转速点的合集。在理想状态下，发动机在沿最优经济曲线工作输出需求功率能够获得最优的燃油经济

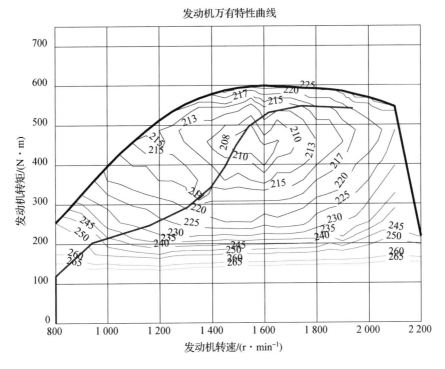

图 4.2.2 发动机的万有特性曲线（附彩插）

性。但是，发动机沿最优经济曲线工作需要发动机根据需求转矩进行调速，由于发动机调速的动态特性，发动机在大范围调速时，其工作点将不能落在最优经济曲线上。此外，由于发动机的需求功率可能是频繁波动的，这也需要发动机频繁调速，会造成额外的转动惯量附件的功率损失。

2. 恒定转速工作

恒定转速的工作方式是指发动机维持在固定转速保持不变，输出响应的功率。发动机在同一转速下工作时，其负荷调节范围宽，转矩脉动剧烈，影响发动机的寿命。同时，发动机为了响应需求功率，会经常出现在低负荷的工况，导致燃油消耗上升、经济性差。

3. 多段转速切换工作

发动机转速根据整车的功率需求在不同转速点之间切换。较低功率需求时，发动机工作在低转速，而高功率需求时工作在高转速。这使发动机的功率跟随车辆行驶功率的变化，同时不需要发动机转速跟随车速变化。合理选择固定的几个工作区域，可以使发动机工作在相对经济的工作区，减少由于工作转速的动态变化而造成的效率降低。在相邻的工作转速对应的功率区之间存在一定的重叠，避免因功率需求在临界点附近波动而造成发动机转速的频繁切换，这个重叠区域为功率滞环带。功率滞环带的宽度对发动机转速切换的频率有很大的影响。图 4.2.3 所示为发动机发电机组采用多点转速切换

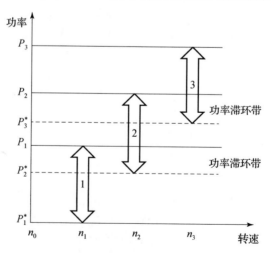

图 4.2.3　多点转速切换的控制策略的原理

的控制策略的原理，将整车的需求功率划分为小负荷区 1（功率范围 P_1^* ~ P_1，工作转速 n_1）、中负荷区 2（功率范围 P_2^* ~ P_2，工作转速 n_2）和大负荷区 3（功率范围 P_3^* ~ P_3，工作转速 n_3），并在相邻的负荷区存在一定宽度的功率滞环带，转速 n_0 为发动机的怠速转速。

这种发动机调速方式克服了沿最优经济曲线工作和恒定转速工作的缺点，可以提升发动机工作的经济性和稳定性。但是，当发动机的需求功率突增时，发动机可能无法按照预计的方式及时完成调速，导致控制效果下降，因此该方式也需要改进。

4.3 解决方法

4.3.1 前后功率链协调控制策略研究

由于发动机转速调节容易出现超调现象，影响发动机发电机组稳定性，发动机接受离散变化的转速指令时，可以采用限制转速变化率的方法，以变化率限制转速切换的过渡过程。但是，固定的发动机转速变化率，在转速调整初期和末期没有变化，在调速初期限制了发动机的转速调整能力，在调速末期增大了转速超调量。考虑使用变化的发动机转速变化率进行发动机多转速切换的过渡过程控制。Levant 微分跟踪器[46]是很好的方法，可以在调整初期安排较大的转速变化率，在调整末期使转速变化率趋近于 0，使转速变化过程曲线平滑，进而使采用 PID 控制的发动机转速跟踪效果更好，调整时间短且超调量更小。Levant 微分跟踪器的表达式为

$$\dot{x} = -\alpha \operatorname{sign}(x-u) - \beta \left| x-u \right|^{\frac{1}{2}} \cdot \operatorname{sign}(x-u) \tag{4.3.1}$$

式中：u 为调整前的发动机目标转速；x 为调整后的发动机目标转速；α 为发动机目标转速的变化率稳定部分的权重系数；β 为发动机目标转速变化率动态变化部分的权重系数。

发电机作为发动机的机械负载，消耗机械功率后产生三相交流电，经过发电机控制器整流输出高压直流电，与整车的直流母线相连。发动机-发电机组作为联合控制的整体，接受整车控制策略中功率分配策略的目标发电功

率的指令，为了响应目标功率指令，可以采用两种控制方案，给定发动机目标转矩、给定发电机目标转速，以及给定发动机目标转速、给定发动机目标转矩。发动机控制器一般接受目标转速指令，在发动机转速控制中，控制系统为双闭环控制，内环为转矩环（电流环），外环为速度环，而转矩控制，只有内环的转矩环，因此对发电机采用转矩控制更加直接有效。综上所述，对发动机－发电机组的功率控制指令分解为对发动机的转速指令和对发电机的转矩指令。

发动机－发电机组的目标发电功率 P_{gen} 由功率分配策略确定，发动机－发电机组的目标转速为 P_{gen} 的函数，这个函数关系由发动机－发电机组功率跟踪模式的研究制定。发电机的目标转矩由下式计算：

$$T_{gen} = \frac{9\ 549 P_{gen}}{\eta_{gen} n_{eng}} \tag{4.3.2}$$

式中：η_{gen} 为发电机效率，n_{eng} 为发动机－发电机组转速。

串联式混合动力系统中，发动机的转速控制有多种方法，包括单转速恒定、连续转速调节、离散多转速切换。发动机工作转速范围宽，单转速恒定无法发挥发动机的优势，所以下面重点研究了连续转速调节和多转速切换的差异和优劣。针对离散多转速切换时发动机转速调节容易失败，导致发动机熄火的问题，研究了控制策略。

发电用柴油发动机与传统的柴油机外特性不同，如图 4.3.1 所示，传统的柴油机在较大转速范围内的输出最大转矩，而此方案使用的发电用高速柴油机的输出转矩随转速的增高而增高，转速与转矩大致呈现一次函数的关系。这种特性限制了发动机在多转速调节控制时的性能：①发动机在某一工作转速工作时，当整车需要更高的发电功率时；②可以提高发电机的转矩，增大发动机的负载；③可以提高发动机的工作转速，使其向更高的转速点调整。发动机向更高转速点调整时，加速需要消耗机械功率，而此时发动机的后备功率不足因而调速困难，必须提高转速才能获得更大的后备功率，这一控制过程出现了矛盾。同时，发电机的转矩响应比发动机的输出转速响应快得多，如果为了提供更高的发电功率迅速给定发电机更大的目标转矩，会加剧发动机的后备功率不足而使发动机调速困难。如前所述，为发动机的转速离散调整安排了过渡过程而使发动机的目标转速连续变化,而此策略还不足以解决调速困难的问题。

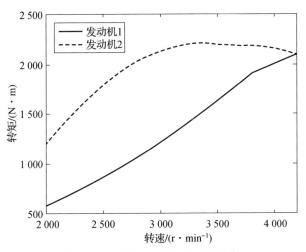

图 4.3.1 两种发动机外特性比较

发动机的转速迟滞特性、特殊的外特性和发电机的转矩快速响应特性之间存在一定的矛盾关系,除了为发动机转速离散调整时安排连续平滑的过渡过程,还需要对发电机的转矩加载加以控制,实现对发动机发电机组的联合控制。因此,可以设计转矩协调控制器,如图 4.3.2 所示,输入当前的发动

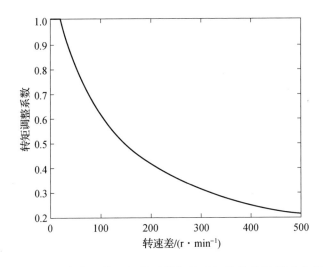

图 4.3.2 发电机转矩加载系数与发动机转速差的关系曲线

机转速与目标转速的速差，输出为发电机转矩调整系数控制发电机的转矩加载。实现当发动机速差较小时，发电机的需求转矩完全加载，而随着速差的增大，发电机加载的需求转矩减小。

发电机转矩协调控制策略和发动机目标转速过渡过程的控制策略，构成了发动机转速-发电机转矩联合协调控制策略。在发动机-发电机组多点转速切换的工作模式中起重要作用，提高了前功率链输出电功率的稳定性，为整车的功率分配策略提供保障。发动机转速-发电机转矩联合控制策略如图4.3.3所示，实现了发动机转速和发电机转矩的联合控制。

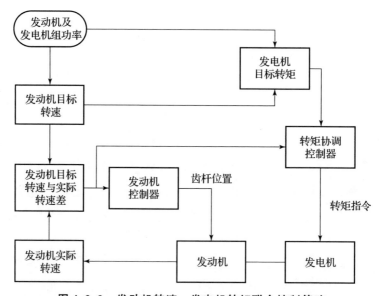

图4.3.3 发动机转速-发电机转矩联合控制策略

发动机转速切换过程中的动态调整的转速变化率，提高了发动机-发电机组工作的稳定性，因此前功率链的发电功率稳定性提高。对于串联式的混合动力系统，前功率链的发电功率和后功率链的用电功率的平衡至关重要。在电功率不平衡时，不能精确地实现功率分配策略，可能发生电池组的过充过放，尤其是在前功率链的发电功率没有达到整车功率分配策略计算的目标发电功率时，对后功率链的用电功率不加以限制，过大的驱动电机功率将使电池组产生超出预期而过大的放电功率。因此，对驱动电机的转矩加载需要进行控制，设计转矩调整系数对此进行控制。

发动机转速传感器能精确获得发动机实际转速实时发送到车辆控制网络的 CAN 总线上,而发动机目标转速由整车综合控制器实时计算得到,经过以上设计的发动机转速切换的过渡过程控制策略得到最终的发动机目标转速,并通过总线网络发送给发动机控制器。根据基于偏差的控制系统的设计原理,可以基于发动机实际转速和目标转速的偏差,设计闭环控制器对于驱动电机负载转矩加载系数进行动态调整,以保证系统的工作稳定并获得最接近目标值的驱动转矩输出。在加速工况或爬坡工况时,驱动电机的用电功率上升较快,这时驱动电机的负载转矩加载系数发挥作用,设计的动态调整方法的核心为闭环控制器,动态调整的规律为

$$\gamma = \begin{cases} 1, & |n_{e,\mathrm{ref}} - n_{e,\mathrm{act}}| < 20 \\ \dfrac{120}{100 + (n_{e,\mathrm{ref}} - n_{e,\mathrm{act}})}, & |n_{e,\mathrm{ref}} - n_{e,\mathrm{act}}| \geqslant 20 \end{cases} \quad (4.3.3)$$

式中:γ 为驱动电机转矩加载系数;$n_{e,\mathrm{ref}}$ 为发动机目标转速;$n_{e,\mathrm{act}}$ 为发动机实际转速。

根据式 (4.3.3),发动机目标转速与实际转速差值的绝对值小于 20 r/min 时,认为发动机 – 发电机组工作平稳,发电功率指令得到完全执行,发电功率充足,此时驱动电机的负载转矩完全以目标值输出。当发动机目标转速与实际转速差值的绝对值稍大时,此时发动机还在转速调整阶段,发动机 – 发电机组还没有完全输出需求的发电功率,因此此时需要对驱动电机的负载转矩进行限制。采用的动态调整规律动态调整了驱动电机的负载转矩加载系数,随着发动机目标转速与实际转速差值增大,加载系数接近于 0;随着差值减小,加载系数接近于 1。驱动电机的转矩加载系数动态调整规律与发电机的转矩加载调整规律相同,同步变化动态调整规律使前功率链的输出功率和后功率链的消耗功率同步变化,动态协调前、后功率链的变化,保证了电池不参与功率分配时母线电压的平稳,也保证了电池参与功率分配时功率分配策略的精确执行。

4.3.2 基于优化的功率分配策略研究

基于优化的方法,往往是在一定的约束条件下,求解目标函数的最值,

得到最优控制量。全局优化的算法是在已知的一定时间内的进行求解，需要事先已知工况数据，这在现实中无法实现；实时优化算法只求解当前时刻的最优控制量使目标函数最小，具有实用价值。因此，采用实时优化的思路求解目标函数，而目标函数的选取是基于控制策略的目标，本节考虑整车燃油经济性、电池组使用寿命和发动机-发电机组转速工作稳定性，制定优化的目标函数。引入成本函数的概念，评价油耗成本、电耗成本、电池组寿命损耗成本和发动机发电机组转速波动成本，作为优化的目标函数，采用黄金分割搜索算法，实现了基于成本函数的实时最优功率分配策略。

电池组参与功率分配可以优化发动机-发电机组的工作区间，从而节省油耗，延长车辆的续航里程；减少电池组的使用可以延长电池组的寿命，尤其是在串联式混合动力履带车辆中，保持电池组的能量储备，也是重要的战场生存能力。这两个目标存在一定程度的矛盾，成本函数可以综合考虑这些矛盾因素，建立成本评价函数，指导能量的分配，最优化使用电池组。多转速切换的能量策略相比转速连续调整，油耗水平没有明显上升，但发动机-发电机组的工作更加稳定，易于调速控制，也具有减少油耗的优化空间，因此基于成本函数的最优功率分配策略依然采用了多转速切换的发动机-发电机组功率跟踪模式。此时，也将发动机-发电机组的转速波动视为成本，设计成本函数对其进行惩罚。此时功率分配策略可以依据成本函数选取最优工作点，提高发动机发电机组的稳定性。

成本函数一方面评价车辆的油耗水平；另一方面评价电池组的寿命损耗，还描述了发动机-发电机组的转速、转矩的波动。设计多个成本函数分别实现这些目的，最终为这些成本函数综合考虑后分别赋权重值，得出总成本为

$$\text{cost}_{all} = \omega_1 \text{cost}_{engfuel} + \omega_2 \text{cost}_{batfuel} + \omega_3 \text{cost}_{batlife} + \omega_4 \text{cost}_{osci} \quad (4.3.4)$$

式中：ω_1、ω_2、ω_3 和 ω_4 分别为不同的权重因子；$\text{cost}_{engfuel}$ 为发动机油耗成本；$\text{cost}_{batfuel}$ 为电池等效油耗成本；$\text{cost}_{batlife}$ 为电池寿命损耗成本；cost_{osci} 为发动机发电机组转速波动成本。

通过发动机油耗 MAP 图可以计算每个功率需求下的发动机-发电机组综合燃油消耗率最低的工作点，表达为如下的函数关系：

$$(b'_e, n_e, T_g) = f(P_g) \tag{4.3.5}$$

式中：b'_e 为在该功率需求下发动机发电机组的最低燃油消耗率，n_e、T_g 为最低燃油消耗率所对应的工作点。

进一步地，式（4.3.4）中第一项可表示为

$$\text{cost}_{\text{engfuel}} = b'_e P_{\text{gen}} \tag{4.3.6}$$

串联式混合动力车辆中，电池组不能接入外部电网补充电能，因此电池组的能量来源依然为柴油。将式（4.3.4）中的第二项计算为等效的发动机的燃油消耗率，等效方法是根据当前发动机工作转速下的发动机 – 发电机组最优综合燃油消耗率和电池组的效率，即

$$\text{cost}_{\text{batfuel}} = \frac{\min(b'_e) P_{\text{bat}}}{\eta_{\text{bat}}} \tag{4.3.7}$$

式中：η_{bat} 为电池组的效率；P_{bat} 为电池组功率。

考虑电池组的寿命损耗成本，其是关于电池组 SOC 与理想工作 SOC 的偏差、工作功率的函数。设计的成本函数，应满足电池组的工作功率绝对值较小时，电池组的损耗成本小，此项为式（4.3.8）中的第一项。设计的电池组损耗成本函数，还描述了电池组的 SOC 平衡的成本，当 SOC 距离理想 SOC 的偏差较大，应尽可能使电池组回归理想 SOC。对此过程进行描述。回归理想 SOC 的方向的成本为负，相反方向为正，此项为式（4.3.8）中的第二项，即

$$\text{cost}_{\text{batlife}} = \omega_{3,1} P_{\text{bat}}^2 + \omega_{3,2} \text{sign}(\text{SOC}_{\text{opt}} - \text{SOC})[(\text{SOC}_{\text{opt}} - \text{SOC})^2] P_{\text{bat}} \tag{4.3.8}$$

式中：$\omega_{3,1}$ 和 $\omega_{3,2}$ 为相应的权重因子；SOC_{opt} 为理想 SOC 值。

发动机 – 发电机组的转速波动不利于系统的稳定，应对不必要的波动进行惩罚。防止转速频繁往复切换。发动机 – 发电机组工作点转速波动成本函数，即

$$\text{cost}_{\text{osci}} = (n_{e,\text{ref}} - n_{e,\text{act}})^2 \tag{4.3.9}$$

式中：$n_{e,\text{ref}}$ 为发动机转速指令；$n_{e,\text{act}}$ 为发动机当前的工作转速，可以看出当转速指令不变时，波动成本为 0。

最优的功率分配策略需要依据成本函数，对发动机 – 发电机组的发电功

率和电池组的功率进行合理分配，满足需求功率。功率分配策略的输入整车需求功率，输出为发动机-发电机组的发电功率指令，电池组的功率为整车需求功率与发电功率的差值，算法的目标为使上节提出的总成本函数在每一计算步长实时最小。基于成本函数的最优功率分配策略，可以概括为式(4.3.10)~式(4.3.12)的一维搜索问题。优化问题表述为以下的数学形式：

$$\text{cost}_{\text{all}} = \omega_1 \text{cost}_{\text{engfuel}} + \omega_2 \text{cost}_{\text{batfuel}} + \omega_3 \text{cost}_{\text{batlife}} + \omega_4 \text{cost}_{\text{osci}}$$

$$= \omega_1 b'_e P_{\text{gen}} + \omega_2 \frac{\min(b'_e) P_{\text{bat}}}{\eta_{\text{bat}}} +$$

$$\omega_3 \{\omega_{3,1} P_{\text{bat}}^2 + \omega_{3,2} \text{sign}(\text{SOC}_{\text{opt}} - \text{SOC})[(\text{SOC}_{\text{opt}} - \text{SOC})^2] P_{\text{bat}} \} +$$

$$\omega_4 (n_e - n_{e,\text{now}})^2 \tag{4.3.10}$$

$$P_{\text{need}} = P_{\text{gen}} + P_{\text{bat}} \tag{4.3.11}$$

$$0 < P_{\text{gen}} \leq P_{\text{gen,max}} \tag{4.3.12}$$

式中：P_{need} 为整车需求功率；$P_{\text{gen,max}}$ 为发电机最大功率。

根据对优化问题的数学表述，对发动机发电机组的发电功率 P_{gen} 在可行范围内进行搜索寻优。此种优化问题的常用方法为黄金分割搜索算法。黄金分割搜索算法[47]可以按照黄金分割的规律，不断缩小存在极值点的范围，最终寻找到局部最优点。黄金分割搜索算法的计算过程如下，假设搜索范围为区间 (a,b)，区间长度为 L，目标函数为 $f(x)$，第一次搜索的两个计算点为分别距离两个端点为 0.618 倍的区间长度。这两个点的计算值分别为

$$\begin{cases} f_1 = f(x_1) = f(a + 0.618L) \\ f_2 = f(x_2) = f(b - 0.618L) \end{cases} \tag{4.3.13}$$

下面对两个计算值进行比较，并根据判断结果缩小搜索的范围若 $f_1 \leq f_2$，则舍弃 (x_2,b)，搜索区间收缩 (a,x_2)；若 $f_1 \geq f_2$，则舍弃 (a,x_1)，搜索区间收缩为 (x_1,b)。继而继续下一次的迭代计算，每一次迭代计算搜索区间缩减为原来的 0.618 倍，理论计算表明，经过 10 次的迭代计算，搜索区间长度减小为原来的 1%。图 4.3.4 详细说明了黄金分割搜索算法的计算过程。

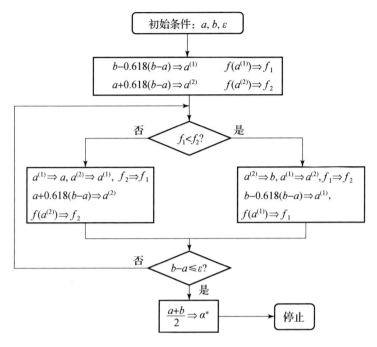

图 4.3.4　黄金分割搜索算法计算框图

根据 4.3.1 节对优化问题的数学表述，搜索算法的计算速度取决于搜索区间的初始长度。根据式（4.3.9）确定的设计变量 P_{gen} 的初始搜索区间，但是约束条件确定的优化区间依然较大，需要进一步的缩小，提高计算速度。引入发动机-发电机组发电功率偏差值 ΔP_{gen}，这是因为发动机-发电机组在工作状态变化的过程中，发电功率的变化率有一定的限制，因此根据当前的发动机-发电机组的发电功率，在其发电功率变化能力的范围内进行搜索优化，得到可行解。这样对黄金分割搜索方法的初始搜索区间进行优化，既保证了得到的功率分配方案是可行，也在一定程度利用了上一次计算的最优功率分配结果。

此时的搜索算法的初始搜索区间即优化区间为 P_1、P_2，区间边界具体的表述为

$$\begin{cases} P_1 = \max(0, P_{need} - P_{bat,dischg}, P_{gen,now} - \Delta P_{gen,now}) \\ P_2 = \min(P_{gen,max}, P_{need} + P_{bat,chg}, P_{gen,now} + \Delta P_{gen,now}) \end{cases} \quad (4.3.14)$$

式中：$P_{\text{bat,dischg}}$ 为电池最大放电功率；$\Delta P_{\text{gen,now}}$ 为发动机发电机组最大功率变化率；$P_{\text{bat,chg}}$ 为电池组最大充电功率。

4.3.3 功率预测控制策略研究

为了解决发动机调速方式存在的问题，设计了一种功率预测控制策略。首先，设计了基于驾驶模式识别的长短时记忆网络（Long Short - Term Memory，LSTM），利用历史车速序列和行驶特征参数预测未来行车周期信息。然后，在多段转速切换方式的基础上提出了发动机预调速机制，根据预测的未来功率预设发动机参考转速。最后，将发动机转速加入成本函数，在考虑串联混合动力车辆系统多重约束的（模型预测控制）（MPC）框架下进行发动机运行与功率控制的协调优化。下面详细描述了所提议的策略。

1. 基于驾驶模式识别的 LSTM 神经网络的需求功率预测方法

未来行车周期信息的预测是 MPC 功率流控制框架中的一个重要环节。在进行车速预测时可以通过对历史真实驾驶数据的统计和分类来获得其行驶模式。此外，结合实时驾驶模式识别，可以更准确地预测未来的驾驶周期信息。下面设计了基于驾驶模式识别的 LSTM 神经网络来预测未来驾驶周期，利用 K – 均值对驾驶模式进行分类和识别，利用适应不同驾驶模式的 LSTM 单元来预测未来驾驶周期信息。

K – 均值是一种经典的聚类方法，它通过欧氏距离来评价对象之间的相似性。K – 均值聚类的步骤是将数据提前分成 k 组，随机选取 k 个对象作为初始聚类中心。然后计算每个对象到每个聚类中心的距离，并将每个对象分配到最近的聚类中心，可以表示为

$$K_j = \left\{ m \mid \min\left(\sum_{i=1}^{n} \varepsilon_i (C_{mi} - x_i)^2 \right), m = 1, 2, \cdots, N \right\} \quad (4.3.15)$$

式中：K_j 为第 j 个目标的分类；m 代表聚类中心；ε_i 为第 i 个特征参数的权重；C_{mi} 为第 m 个聚类中心到第 i 个特征参数的距离。

如图 4.3.5 所示，所收集的大量历史驾驶数据作为 K – 均值的样本。为了突出驾驶模式特征，将行车数据分为 30 s 的小段，提取特征参数。一般情况下，车辆行驶需求可以通过车辆速度和油门踏板开度来体现。因此，

计算每 30 s 段的平均车速和油门踏板开度作为 K-均值聚类的特征参数。在本研究中,将驾驶模式分为 4 类,K-均值聚类结果图 4.3.6 所示。可以发现,在图 4.3.6 中有 4 种驾驶模式:低速模式,中速模式,高速模式和加速模式,分别可以获得的聚类中心。在应用过程中,可以采集前 30 秒的驾驶数据提取特征参数,确定当前的驾驶模式为最近的聚类中心所属的模式。

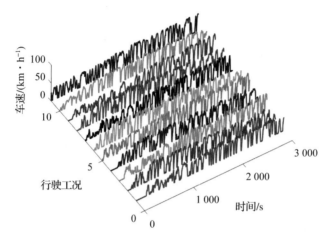

图 4.3.5　实车驾驶历史数据集

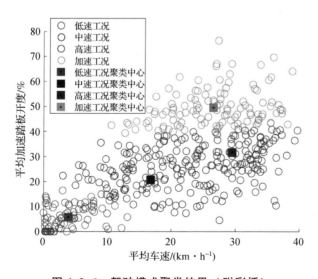

图 4.3.6　驾驶模式聚类结果(附彩插)

在车辆行驶过程中,车速的变化具有一定的规律。LSTM 神经网络作为一种改进的循环神经网络,在处理时间序列数据方面具有独特的优势,它可以将历史数据通过短期记忆和长期记忆进行关联。

LSTM 块由一个存储单元和三个门组成,包括输入门、输出门和遗忘门。存储单元可以控制信息到下一时刻的传输,三个门控制信息进出存储单元。LSTM 块的处理框架如图 4.3.7 所示,c_{t-1} 和 h_{t-1} 为前一个时间步长的单元状态和输出,x_t 为当前输入。在本研究中,输入为车速和加速度的时间序列。σ 和 tanh 是神经网络中常用的激活函数,可以表示为

$$\begin{cases} \sigma(x) = \dfrac{1}{1 + e^{-x}} \\ \tanh = \dfrac{e^x - e^{-x}}{e^x + e^{-x}} \end{cases} \quad (4.3.16)$$

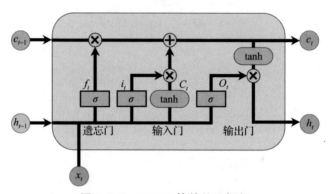

图 4.3.7　LSTM 块的处理框架

不同的驾驶模式下车速变化规律不同,根据驾驶模式改变预测神经网络有助于提高预测精度。因此,训练了 4 个适合不同驾驶模式下工况预测的 LSTM 神经网络单元,并通过 K – 均值将其训练数据与真实车辆数据进行分类。基于驾驶模式识别的 LSTM 神经网络的速度预测框架如图 4.3.8 所示,输入为当前时间之前的历史车速序列 $[v_k, v_{k-1}, v_{k-2}, \ldots, v_{k-n}]$,输入的车辆速度序列会随时间更新。根据驾驶模式识别结果,连接时间序列变化的 LSTM 单元,输出是当前时刻预测的未来车辆速度序列 $[v_{k+1}, v_{k+2}, v_{k+3}, \ldots, v_{k+n}]$。

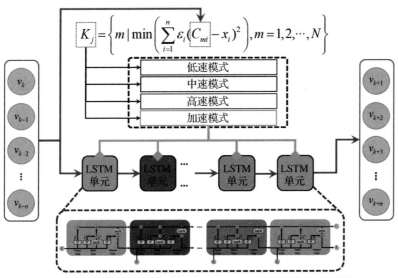

图4.3.8　基于驾驶模式识别的LSTM神经网络车速预测

2. 发动机预调速机制

发动机多段转速切换策略如图4.3.9所示,在 $[P_i^{low}, P_i^{high}]$ 的需求功率下,控制发动机以固定速度 n_i 工作。如果需求功率超过 $[P_i^{low}, P_i^{high}]$,发动机转速将进入下一个转速 n_{i+1},此时输出功率范围为 $[P_{i+1}^{low}, P_{i+1}^{high}]$。

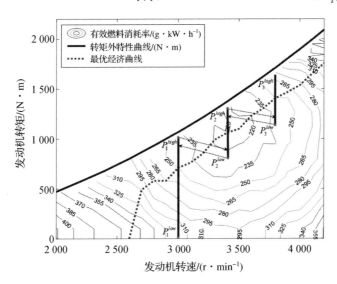

图4.3.9　发动机多段转速切换示意图

为了使发动机尽可能地工作在高效率区域，发动机在每个固定转速下的工作转矩范围都在最优经济曲线附近。这样，发动机多段转速切换方法既可以避免发动机频繁的大范围调速，又能保证燃油经济性要求。

但是，即使在发动机多段转速切换的方法中，由于发动机的外部特性，用于调速的输出扭矩也受到限制。当需求功率突然增加到阈值时，发动机转速调节会导致功率不足。为了解决这个问题，有必要保证在当前发动机转速下，车辆未来的动力需求在动力储备之内。因此，设计了一种基于多段转速切换的发动机预调速机制。

首先，通过基于驾驶模式识别的 LSTM 方法得到未来车辆需求功率；然后，将预测功率与当前需求功率进行比较，设定发动机参考转速。为了扩大发动机转矩变化范围，防止动力不足及发动机转速提前下降，分别采用两个判断条件作为发动机提速和降速的依据。当预测功率大于需求功率时，根据预测功率与转速调节阈值功率的比较，发动机转速会增加。如果预测功率大于加速阈值功率，则将预期发动机转速设置为下一个工作转速；否则，发动机保持当前的工作速度。当预测功率小于需求功率时，根据需求功率与调速阈值功率的比较，发动机转速会下降。如果所需功率小于降速阈值功率，则将预期发动机转速设置为以前的工作转速；否则，保持当前的工作速度。

3. MPC 协调优化框架

MPC 是一种在一定预测范围内解决轧制优化控制问题的方法，它可以根据工况预测结果协调发动机运行和功率控制，适用于本节所面临的问题。由于发动机燃油消耗率和电池开路电压的非线性特性，简单的线性控制系统不再适用。因此，MPC 采用非线性离散状态控制模型，可表示为

$$x(k+1) = f(x(k), u(k), p(k)) \tag{4.3.17}$$

式中：$k = 0, 1, 2, \cdots, N-1$；$f(\cdot)$ 为状态方程；$x(\cdot)$ 和 $u(\cdot)$ 分别为状态变量和控制变量；$p(\cdot)$ 为外部输入。

电池 SOC 的变化直接关系到混合动力系统的能量流控制，因此为了协调能量管理和发动机转速，可以选择状态变量和控制变量为

$$x(k) = \begin{bmatrix} \text{SOC}(k) \\ n_{\text{eng}}(k) \end{bmatrix}, \quad u(k) = \begin{bmatrix} P_{\text{gen}}(k) \\ \zeta(k) \end{bmatrix} \tag{4.3.18}$$

式中：$\text{SOC}(k)$ 和 $n_{\text{eng}}(k)$ 为预测时域内每一步的 SOC 和发动机转速；$P_{\text{gen}}(k)$ 和 $\zeta(k)$ 为预测时域内每一步的发电机目标功率和发动机的油门开度。

进一步，系统的状态空间表达式可以表示为

$$\begin{cases} \text{SOC}(k+1) = \text{SOC}(k) - \dfrac{V_{\text{oc}}(\text{SOC}(k)) - \sqrt{V_{\text{oc}}^2 - 4R_{\text{int}}(P_{\text{pre}}(k) - P_{\text{gen}}(k))}}{2R_{\text{int}}(\text{SOC}(k))Q_{\text{batt}}} \\ n_{\text{eng}}(k+1) = n_{\text{eng}}(k) + \dfrac{30}{\pi J_{\text{egs}}}\left(\zeta(k) T_{\text{eng\_max}} - \dfrac{P_{\text{gen}}(k) \times 9\,550}{n_{\text{eng}}(k)} \right) \end{cases} \tag{4.3.19}$$

式中：V_{oc} 为电池组的开路电压；R_{int} 为电池组的内阻；P_{pre} 为预测的整车需求功率；Q_{batt} 为电池容量；J_{egs} 为发动机发电机组转动惯量；$T_{\text{eng\_max}}$ 为最大发动机转矩。

有限时域内的最优控制问题表示为

$$J = \sum_{k=1}^{N} L(x(k), u(k)) + \Phi(x(N)) \tag{4.3.20}$$

式中：N 为预测域长度；$L(\cdot)$ 和 $\Phi(\cdot)$ 为瞬时代价函数和终端约束。

MPC 的设计目的是在实现发动机转速控制的同时，最大限度地降低燃油消耗，并将电池 SOC 保持在规定的范围内，因此 $L(\cdot)$ 和 $\Phi(\cdot)$ 可表示为

$$\begin{cases} L = \dot{m}_{\text{f}}(x_2(k), u_2(k)) + \varepsilon_1 (x_2(k) - n_{\text{e,ref}})^2 \\ \Phi = \varepsilon_2 (x_1(N) - \text{SOC}_{\text{opt}}) \end{cases} \tag{4.3.21}$$

同时，状态变量必须受到系统约束，即

$$\begin{cases} n_{\text{eng}}^{\min} \leqslant n_{\text{eng}}(k) \leqslant n_{\text{eng}}^{\max} \\ \text{SOC}_{\min} \leqslant \text{SOC}(k) \leqslant \text{SOC}_{\max} \\ T_{\text{eng}}^{\min}(n_{\text{eng}}) \leqslant T_{\text{eng}}(k) \leqslant T_{\text{eng}}^{\max}(n_{\text{eng}}) \\ P_{\text{Batt}}^{\min} \leqslant P_{\text{Batt}}(k) \leqslant P_{\text{Batt}}^{\max} \end{cases} \tag{4.3.22}$$

式中：上标 min 与 max 分别表示变量的最大值与最小值。

4.4 结果与分析

4.4.1 前后功率链协调控制策略仿真分析

应用4.3.2节中所提出的策略,针对加速工况进行了仿真分析如下。图4.4.1显示了发动机-发电机组调速过程中,发电机的目标转矩经过协调控制器调整前后的对比结果。

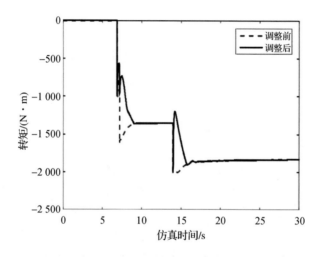

图4.4.1 发电机目标转矩调整前后对比图

从仿真结果可以看出,此策略使发动机对目标转速跟随效果更好,在转速切换过程中发电功率损失有限,而电池组放电功率的加入可以弥补了发电功率的不足,此策略提高了发动机-发电机跟踪整车需求功率的稳定性和响应速度。

在平路起步的加速工况中,驱动电机工作在额定功率状态,整车需求功率可以完全由发动机-发电机组提供。此时,驱动电,整车的需求功率上升较快,可以验证前、后功率链协调控制策略的有效性,对此工况的仿真试验结果进行分析。在驱动电机上升到额定转速之前,目标驱动功率随转速增加而线性增加,从0到600 kW的功率上升阶段时长为8 s。

根据图 4.4.2 和图 4.4.3 可以看出，在发动机调速过程中，驱动电机的转矩有数次的向下调整，从功率的动态变化可以看出，电池组的输出功率在除了发动机启动阶段的其他时间均为 0。这说明在车辆急加速的过程且电池组不参与功率分配时，前功率的发电功率和后功率的用电功率达到了电功率平衡；在电池参与功率分配时，进一步地保证电池组的实际功率输出与功率分配结果吻合。

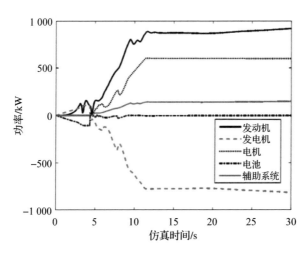

图 4.4.2　急加速工况的各部件功率变化

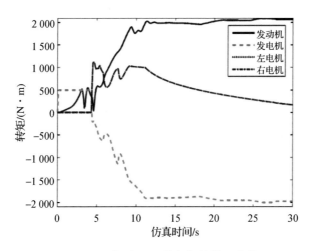

图 4.4.3　加速工况的各部件转矩变化

4.4.2 最优功率分配策略的仿真分析

根据黄金分割搜索算法迭代计算功率分配方案的成本函数,最终满足收敛条件时,取搜索区间的中点对应的功率为该步长最优的发动机-发电机组目标发电功率。对前面采用的循环工况进行仿真分析,图4.4.4为四个成本函数和总成本函数的瞬时最优结果变化曲线。图4.4.5为基于成本函数的最优功率分配策略的发动机-发电机组发电功率和电池组功率的功率分配结果。从图中可以结果看出,发动机-发电机组的发电功率能够集中在最高效率的发电功率上下浮动,变化相对稳定,而电池组的功率变化比较频繁,响应了整车需求功率频繁变换的部分,但平均功率较小,而发动机-发电机组的发电功率提供了大部分的稳态功率。这样的功率分配结果达到了设计的目标,不但使发动机发电机组工作在高效区,提高了燃油经济性,而且减少了电池组的对外输出功率,减少了电池组的使用损耗,延长使用寿命。

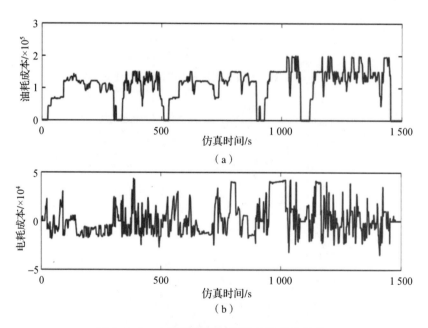

图 4.4.4 成本函数瞬时最优结果变化曲线

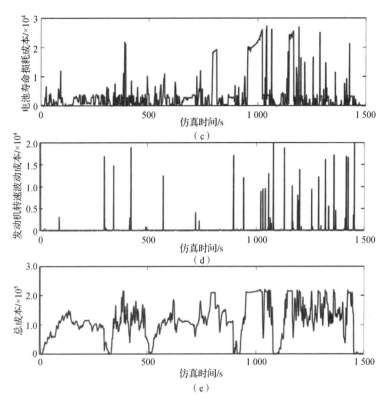

图 4.4.4 成本函数瞬时最优结果变化曲线（续）

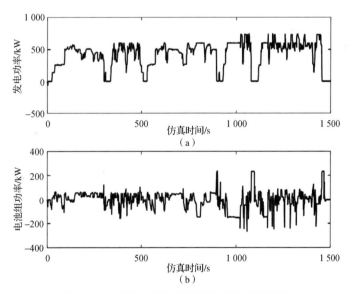

图 4.4.5 最优功率分配策略功率分配结果

根据图 4.4.6 的最优功率分配策略的仿真结果，发动机 – 发电机组的工作点集中分布在 3 800 r/min 的高效工作区域，电池组的功率不高，电池组的对外输出功率绝对值的平均值为 66.6 kW，相对于电池组的峰值工作能力，电池组处于较小的负荷状态，既优化了发动机 – 发电机组的工作区间、节省油耗，又在一定程度上保持了较低的负荷，维持更长时间的寿命。从表 4.4.1 中可以看出，基于成本函数的最优功率分配策略相比基于规则的电池参与优化的功率分配策略有了 3% 的油耗节省，而相比最初的多转速切换的功率跟随的功率分配策略有了 8% 的油耗节省，而电池组绝对输出功率下降了 42%。

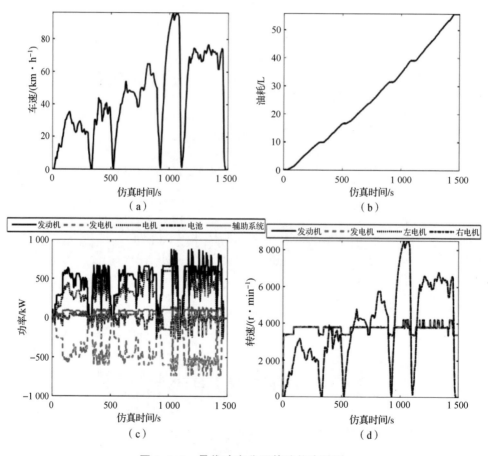

图 4.4.6　最优功率分配策略仿真结果

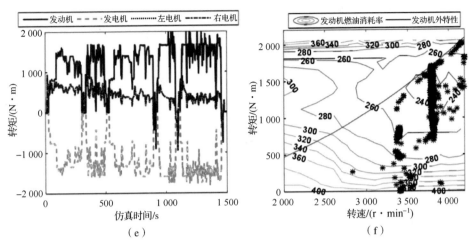

图 4.4.6 最优功率分配策略仿真结果（续）

表 4.4.1 功率分配策略的耗油量比较

电池组工作模式	跟踪模式	耗油量/L	电池组绝对输出功率平均值/kW
基于规则的电池组参与功率分配策略	多转速切换	57.95	115.7
基于成本函数的最优功率分配策略	多转速切换	56.17	66.6

4.4.3 功率预测存储控制策略的仿真分析

为了验证所提策略对发动机-发电机组的控制效果，分别采用沿最优经济曲线方法和多段转速切换方法进行比较。此外，为了比较不同方法的发动机转速调节效果，发动机-发电机组输出了车辆在两个循环工况下所需的全部功率。在沿最优经济曲线方法和多段转速切换方法下，采用 PI 控制进行发动机转速调节。两种工况下发动机转速调节效果对比如图 4.4.7 所示。在前一种工况下，当发动机预期转速变化率较小时，沿最优经济曲线方法下的发动机转速具有良好的跟随效果。然而，当预期的速度在 800 s 左右突然增加时，却无法达到所需的速度。另外，多段转速切换方法下的发动机转速总是围绕预期转速上、下波动,当预期转速发生变化时,无法及时跟上。相比之下,所提出策略下的发动机转速即使在目标转速变化率较大时也能保持同步。

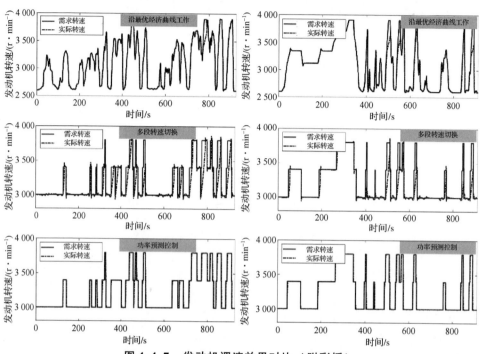

图 4.4.7　发动机调速效果对比（附彩插）

发动机调速的目的是使发动机－发电机组及时输出由控制策略分配的发电机功率。如果发动机不能及时达到期望的速度,就会导致动力不足。两个循环工况下的发动机－发电机组功率对比如图 4.4.8 所示。当需求功率突然增加时,由于发动机无法达到期望转速,无论是沿最优经济曲线方法还是多段转速切换方法都出现了功率缺失的问题。相比之下,所提出策略能控制发动机－发电机组及时输出期望功率而不会出现功率缺失。

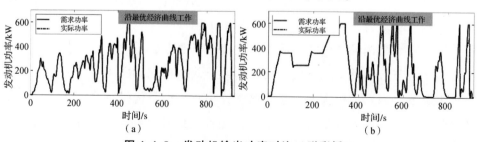

图 4.4.8　发动机输出功率对比（附彩插）

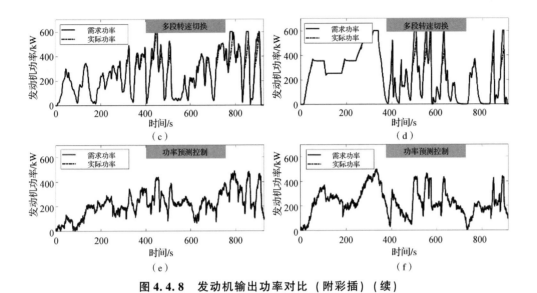

图4.4.8 发动机输出功率对比（附彩插）（续）

4.5 小　　结

本章主要研究了串联混合动力系统能量最优控制及相关问题，采用发动机转速-发电机转矩联合控制，解决前后功率链协调问题，研究了基于优化的功率分配策略，引入了成本函数的概念，并采用黄金分割搜索算法，实现了基于成本函数的最优功率分配策略。提出基于驾驶模式识别的LSTM神经网络进行车速预测，设计了功率预测存储控制策略，解决了发动机调速与功率流协调优化问题。

第 5 章
并联混合动力系统能量优化控制

5.1 概　　述

  并联式混合动力系统同时具备发动机驱动系统和电机驱动系统。两个系统并联驱动，可实现驱动力的叠加，满足该种功能的混合动力系统称为并联式混合动力系统。由于发动机与电动机可同时驱动，因此小功率电动机即可保证整车的动力性能；此外，由于发动机可直接为整车提供驱动力，使得该构型与传统内燃机车辆的驾驶感受更为相近，驾驶性能较好。深入研究并联混合动力系统结构及内部各组成部件的动力学特点，设计高效能的混合动力系统能量管理策略，从理论层面上解决混合动力系统燃油经济性、驾驶性能等控制难题，对进一步提升整车节油率，保证车辆在瞬态工况下的驾驶性能和乘坐舒适性，具有重要的理论意义。

5.2　并联混合动力系统能量优化控制现存问题及描述

  并联混合动力系统一般包括发动机、电机、电池及变速箱等关键部件。该系统存在着复杂多子系统、强非线性、多种工作模式耦合及系统运行过程中的不确定性等特性，使得实现高效的混合动力控制成为解决并联混合动力系统高效传动、进一步提升整车燃油经济性的关键技术。由于国内的混合动力技术相较于国际来说发展较慢、起步晚，在能量管理研究上大多也只是处于理论研究阶段,与国外的相关研究上还有一定的差距,因而进行能量管理的研究对我国汽车行业的发展以及混合动力的产业化和提升自主研发能力都有着十分重要的意义。尤其在城市公交领域的应用,大大降低了公共交通车辆的能耗及尾气排放,为降低城市雾霾提供了有效的保障。目前,并联混合动力系统主要在以下问题上还存在着提升空间:

第一,城市道路工况的复杂多变会造成驾驶员操作的随机不确定性,结合大量已获得的实车运行数据,通过随机统计方法可对驾驶员行为进行统计预测;同时考虑到典型城市道路工况具有统计规律的特性,运用预测控制理论进行能量优化分配在理论上具备可行性并具有较大优化潜力;结合系统自身结构特点,发动机与电机通过离合器相连接,它们之间不能进行转速解耦控制,则该能量管理问题便转变为发动机-电机扭矩分配问题。因此,结合工况特性以及驾驶员行为,如何针对并联混合动力系统设计出更为高效的能量优化分配仍需进行深入研究。

第二,考虑到并联混合动力系统的多模式运行与多挡位特性,使得其动力源的工作区间得以优化,提升了整车燃油经济性。但是,该性能提升需以混合动力系统多模式频繁切换运行为基础,而系统模式切换瞬态发动机介入动力系统造成的机械冲击会严重影响车辆的可驾驶性,以及额外的燃油消耗,如何从整车能量管理层面对模式切换过程尤其是电启动过程进行合理的优化控制仍有待解决。

第三,对于混合动力车辆而言,除了燃油经济性之外,整车的驾驶性以及发动机排放等性能指标也是必须考虑的整车优化目标,针对该种特殊构型的混合动力车辆,该多目标之间更是具有一定的相互矛盾与制约的特点,因而如何实现整车的多个目标同时优化仍是一个亟待解决的问题。

因此,针对上述问题开展研究,设计近似最优的 EMS 具有重大的研究意义。

5.3 解决方法

本节根据上面提及的并联混合动力系统构型特点以及所建立整车模型,

同时结合所研究的运行工况特点,将车辆与运行工况相结合,提出了基于驾驶意图识别的 EMS。

本节的内容安排如下:首先,针对道路工况的重复可统计特性,采用 K-均值方法对不同路段的驾驶行为进行聚类分析。其次,基于所采集的历史道路数据,采用马尔可夫链建立随机驾驶员模型对驾驶行为进行统计预测。最后,基于前述驾驶员模型建立随机预测模型,量化整车能耗性能指标,提出了修正的随机 MPC 能量优化控制;在此基础上,考虑到整车多工作模式频繁切换对整车性能的影响,提出了多目标随机 MPC 能量优化控制。

5.3.1 驾驶行为分类研究

城市道路工况不同于常规路况,其线路重复单一,同时根据不同路段的交通流以及工况特征的差异性,不同路段会导致不同的驾驶需求及驾驶行为。针对不同的驾驶行为,开发获取对应的整车 EMS,将会使所提出的 EMS 具有更好的优化效果。因此,通过对不同路段的驾驶行为进行合理的聚类分析,将是本章获取高效 EMS 的第一步。

针对城市道路工况公交站点固定并且规律性分布的特点,本节将相邻公交站点之间的公交线路看作一个路段。

本节中研究采用的实际场景公交线路如图 5.3.1 所示。从图中可知,按照公交站点来进行划分,鱼洞站 - 南坪枢纽站线路可包含多个不同路段。其

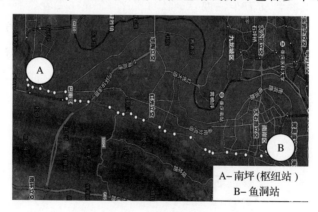

图 5.3.1 某城市公交线路图

次,为获得不同路段用于驾驶行为聚类分析的特征参数,如不同路段的车辆速度、车辆加速度等。本节通过对实际公交线路上大量历史运行数据的采集与统计分析来获取具有统计特性的参数以及工况特征信息,其中部分所采集的公交历史运行数据如图 5.3.2 所示。基于上述假设以及工作,提取有效的特征参数将对驾驶行为分类的可靠性非常关键。在最近的相关研究中,文献[48] 对许多工况参数进行考虑并验证是否对整车的排放以及燃油经济性具有明显的影响,通过该方法有效地获得了对整车性能有影响的相关参数。

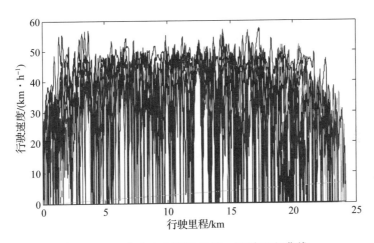

图 5.3.2 公交车辆行驶速度 – 行驶里程曲线

基于文献 [48] 中的结论,同时结合所研究的混合动力车辆以及以节能为优化目标的 EMS,关于整车速度、加速度以及急速停车次数等的 13 个特征参数被采纳并分析,分别是平均车速、速度的标准方差、平均加速度、加速度的标准方差、车辆停靠次数、急速占比,车辆速度区间为 0~10 km/h 占比,车辆速度区间为 10~20 km/h 占比,车辆速度区间为 20~30 km/h 占比,车辆速度大于 40 km/h 占比,平均减速度以及小幅度加速度波动占比。此外,考虑到文献 [48] 中并未对工况的坡道信息予以统计分析,而本节所取为城市中的山区工况,坡道信息对整车的驾驶性能以及燃油经济性能影响较大,如果忽略该特征信息将会导致所分类驾驶行为的不准确。因此,从车辆纵向动力学角度出发,考虑到驾驶员油门踏板开度与整车速度以及道路坡道之间相互耦合的关系,提取出三个与驾驶员油门踏板开度相关的参数作为路况特征参数，分别是大幅度油门踏板开度占比、平均油门踏板开度以及小幅度油门踏板波动占比。

此外，由于不同的工况特征参数对驾驶行为的分类有不同的影响程度，因此依据不同参数对整车影响程度的不同，合适的等效参数被采用以确保这些参数的等效性。例如，工况的平均车速相对于平均加速度对路段工况的分类具有更大的作用，因而平均车速的等效参数会比平均加速度的等效参数更大。综上所述，所有虑及的驾驶行为特征参数及对应的等效参数如表 5.3.1 所示。

表 5.3.1　驾驶行为特征参数及对应的等效参数

特征参数编号	驾驶行为特征参数	等效系数
1	平均速度	0.4
2	速度的标准方差	1
3	平均加速度	3
4	加速度的标准差	1
5	车辆停靠次数	1
6	怠速停车时段占比	1
7	车辆速度区间为 20~30 km/h 占比	1
8	车辆速度区间为 20~30 km/h 占比	1
9	车辆速度区间为 20~30 km/h 占比	1
10	车辆速度区间为 20~30 km/h 占比	1
11	车辆速度区间为 20~30 km/h 占比	1
12	平均减速度	1.2
13	小幅度加速度波动占比	1
14	大开度加速踏板占比	2
15	平均加速踏板开度	0.5
16	小幅度加速踏板开度占比	1

由于所测试公交线路上的路段数量有限，通过大量的公交车辆历史运行数据即可获得不同路段驾驶工况的特点。因此，K-均值方法可以作为一种有效的方法来进行驾驶工况的预测[49]。K-均值方法是一种经典的聚类分析方法，它采用欧氏距离来评价不同个体之间的相似程度，其中K-均值聚类算法的流程如图5.3.3所示。

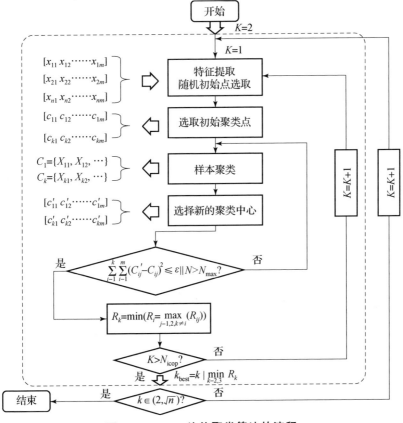

图 5.3.3　K-均值聚类算法的流程

如图 5.3.3 中所示，K-均值方法的流程图包括分类总数的选取以及 K-均值个体之间聚类分析的总体流程。首先根据分类数目 K 的取值范围，从可行区间的最小值依次计算到最大值；然后依据所选取的评价指标进行最优分类数 K 的选取，具体将在之后说明。由图可知，m 是个体的维数，针对本节中的研究问题，该数值为 16；n 是总共的个体数目，在本节中即为路段数目；k 和 K 分别是选取的分类次数以及 K-均值的循环次数。其中戴维斯-泊尔丁指数（Davies-Bouldin Index，DBI）被用来作为参数 K 可行性的评价指标，并可以表示如下：

$$R_i = \max_{j=1,2,\cdots,k} R_{ij} = \max_{j=1,2,\cdots,k} \frac{s(c_i) + s(c_j)}{d(c_i,c_j)} \qquad (5.3.1)$$

$$s(c_i) = \frac{1}{|c_i|} \sum_{x \in c_i} \|x - v_{ci}\| \qquad (5.3.2)$$

$$d(c_i,c_j) = \|v_{ci} - v_{cj}\| \qquad (5.3.3)$$

式中：v_{ci} 和 v_{cj} 分别为第 i 类和第 j 类聚类中心点；x 为第 i 类中的个体；$|c_i|$ 为第 i 类的个体总数目。

R_i 通过式（5.3.1）~式（5.3.3）计算，从这三个公式可以看出它代表了簇内的接近程度与种间距离的关系。具体来说，当簇内接近程度越高，簇间距离越大的时候，R_i 越小，则聚类效果越好。因此，该参数也被用来当作聚类优劣程度的评价指标，更多的相关细节可以参见文献［50］。

通过设定合适的聚类中心个数以及合适的初始值，通过 K-均值方法可以对驾驶行为进行有效的聚类识别。考虑到 K-均值方法中聚类中心个数对整体聚类性能的影响，通过比较不同聚类数目下的戴维斯-泊尔丁指数（DBI）即可以确定最优的聚类数目。在本节中，通过对不同聚类次数下的 DBI 进行对比，驾驶行为的数目选为 8。由于聚类中心点的初始值对聚类最终的结果具有非常明显的效果，需要对不同类型的初始点进行选择测试，并对不同初始点下的分类结果 DBI 进行对比。最后，通过此类方法获得的驾驶行为分类结果如表 5.3.2 所示。从表 5.3.2 中可知，这些不同类别驾驶行为的特点被总结出来列于表 5.3.2 中。从表 5.3.2 中可知，关于车辆行驶平均车速，交通流状况以及道路坡道信息的特征被提取出来。具体说来，车辆行驶车速被划分为三个类别，分别是高速行驶，中速行驶和低速行驶；交通信息状况也可划分为三类，交通拥堵路段，交通较为拥堵路段以及交通平顺路段；坡道信息也被分为三种类型：坡道多变路段，下坡路段以及上坡路段。在此，多变坡道是指包含平滑坡道，平直路段以及较大上坡以及下坡的多种不同状况的混合路段。从典型的不同类型的代表路段可知，所采取的分类方法能够获得较好的分类结果。

表 5.3.2 特征驾驶行为车速/踏板开度 – 行驶里程曲线

不同驾驶行为工况特征	车速/踏板开度 – 行驶里程曲线图
中等车速；稍微交通拥堵；上坡为主	
中等车速；稍微交通拥堵；多变坡道	
低等车速；交通拥堵；上坡为主	
低等车速；交通拥堵；多变坡道	

续表

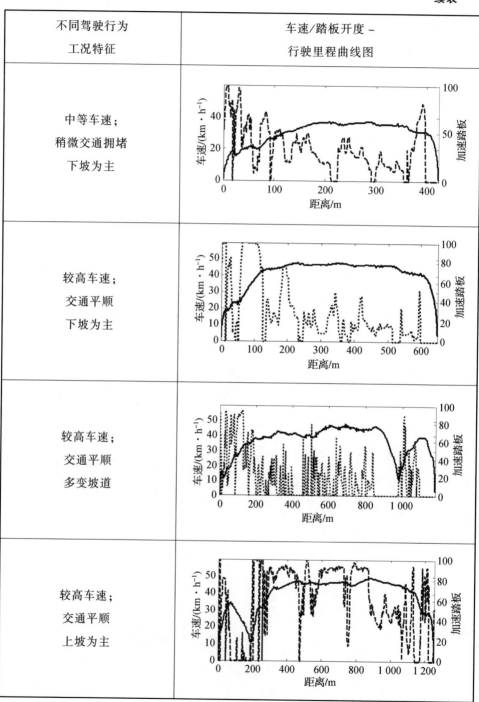

不同驾驶行为工况特征	车速/踏板开度 – 行驶里程曲线图
中等车速；稍微交通拥堵；下坡为主	
较高车速；交通平顺；下坡为主	
较高车速；交通平顺；多变坡道	
较高车速；交通平顺；上坡为主	

5.3.2 基于马尔可夫链的驾驶员模型

考虑到典型道路工况的重复可统计特性，基于所采集的足量历史数据，所应用的道路工况上所对应的驾驶员模型可以通过随机统计方法进行建立[51]。基于5.3.1节对于驾驶行为的分类，针对8种不同的驾驶行为，可以建立8种不同的随机驾驶员模型。而每一种驾驶员模型，在本节所进行的研究中，均采用随机马尔可夫链进行驾驶员模型的建模。马尔可夫链本质上是指代的所研究对象从当前时刻到下一时刻所对应的转移概率矩阵，即通过当前状态，依据已有的专家经验库对未来的可行状态以概率的形式进行随机统计。在已有学者研究工作中，马尔可夫链曾被应用于交通流的统计以及车辆跟随的过程中，并取得了良好的优化效果[51-52]。因此，在本节中马尔可夫链被采纳用于随机驾驶员模型统计建模。首先依据本节EMS的需求，所指代的驾驶员行为即为驾驶员的需求转矩，因而所选用的马尔可夫链的状态量即为驾驶员的需求转矩。具体而言，考虑到不同行驶速度范围下，驾驶员需求转矩的变化具有较大差异性，因而该马尔可夫链的状态变量选为不同行驶速度范围下的驾驶员需求转矩，则该状态转移变量为

$$w(k) = \{w_1, w_2, \cdots, w_N\} \tag{5.3.4}$$

式中：$w(k)$ 为在时刻 k 的可行驾驶员需求转矩集合，其中它具有 N 个可行的离散状态；w_i 为这些可行状态中的第 i 个状态。

由于马尔可夫链即是指代的转移概率矩阵 T，则在该转移矩阵中的元素计算公式为

$$T(i,j) = \Pr[w(k+1) = w_i | w(k) = w_j], (i,j \in 1, 2, \cdots, N) \tag{5.3.5}$$

式中：$T(i,j)$ 为从 k 时刻的状态 w_i 转移到 $k+1$ 时刻的 w_j 的转移概率。则由此可知 $k+1$ 时刻所处状态为 w_j 的概率分布可表述为

$$[P_{\text{pro}}(k+1)]_j = \sum_{i=1}^{N} [P_{\text{pro}}(k)]_i * T(j,i) \tag{5.3.6}$$

式中：$[P_{\text{pro}}(k)]_i$ 为状态 w_i 在 k 时刻的分布概率。

从上述的驾驶行为分类可知，每一种驾驶行为所对应的历史运行数据都

可以被用来获取随机驾驶员模型的初始值。对于基于马尔可夫链的驾驶员模型，每一时刻的状态被离散的个数越多，离散的越精确，则所获得的驾驶员模型可靠性及精确度也就会越高。然而，状态量离散得越密集，所获得的马尔可夫转移矩阵则会越庞大，花费的计算时间也会越多。

由于本节中所采用的方法需同时兼顾所提出策略的计算量以及精确度问题，因此通过对比选取，最终采用一维20个状态变量而非多个状态变量以保证所需求的性能。此外，为了更好地表述所获得的不同驾驶行为所对应的马尔可夫转移矩阵，本节采用图形的方式对其进行描述；同时，为了更好地说明进行驾驶行为分类的必要性以及可行性，两种不同驾驶行为所对应的马尔可夫矩阵被展示在图5.3.4中用来进行对比分析。由图可知，两种不同工

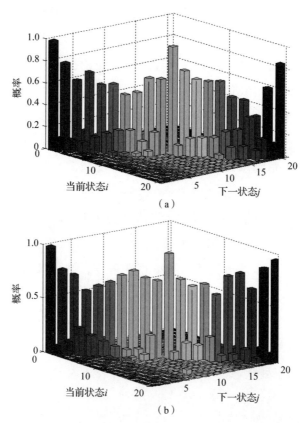

图 5.3.4　不同驾驶行为所对应的马尔可夫转移矩阵

（a）第一种驾驶行为所对应的马尔可夫转移矩阵；（b）第二种驾驶行为所对应的马尔可夫转移矩阵

况下的驾驶行为转移矩阵在多数情况下具有明显的差异性。因此，我们可知通过合理的驾驶行为分类以及不同驾驶行为所对应的特征驾驶工况可知，驾驶行为分类识别会在很大程度上提高驾驶行为的预测准确性。

5.3.3 基于随机模型预测控制的能量优化控制

基于上述工作，所提出的策略框架图如图 5.3.5 所示。由图可知，该策略主要包括三大部分：第一部分是基于 K–均值的驾驶行为分类以及不同类型驾驶行为下的驾驶员建模；第二部分则是修正的随机模型预测控制（Modified Stochastic MPC，MSMPC）策略；第三部分则是通过当前的数据对历史的工况聚类识别以及驾驶员模型进行在线自更新。本节针对所提出的 MSMPC 进行了问题形成以及修正求解过程的相关描述。

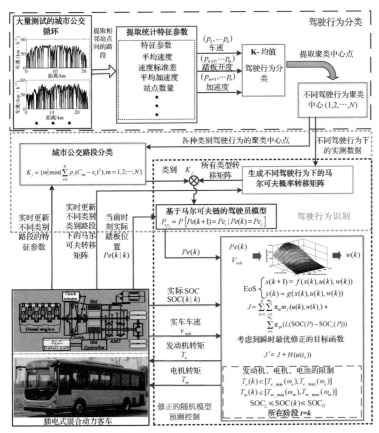

图 5.3.5　基于驾驶意图识别的随机 MPC 能量管理策略

1. 随机模型预测控制问题形成

随机模型预测控制（Stochastic MPC，SMPC）的基本原理与MPC相同，都是通过预测模型–滚动优化–反馈校正环节获得在一段有限的预测域内的局部最优化控制序列的优化控制方法[53]。在该方法中，第一步是对问题进行合理的数学描述，建立状态空间方程。针对该混合动力车辆的能量管理问题，由于其中的主要部件发动机、电机、电池等的强非线性，如发动机的瞬时油耗、电机的工作效率、电池的开环电压等。因此，通过简单的线性化处理，会导致不必要的误差，从而导致模型的不准确。所以，在本节的研究中，采用非线性状态空间方程用于SMPC，则该状态空间方程可表示为

$$\dot{x} = f(x, u, v) \quad (5.3.7)$$

式中：x为状态变量，本节中$x=[\text{SOC}, V_{\text{veh}}]'$；$u$为状态空间方程中的控制变量；$w$为该方程中的随机干扰项$w=T_{\text{dem}}$。

根据第4章中的整车数学模型，状态空间方程可展开表述为

$$\begin{cases} \dot{\text{SOC}} = \dfrac{U(\text{SOC}) - \sqrt{U(\text{SOC}) - 4R(\text{SOC}) \cdot P_{\text{m}}}}{2 \cdot Q_{\text{bat}} \cdot R(\text{SOC})} \\ \dot{V}_{\text{veh}} = \eta_T \cdot i_{\text{AMT}} \cdot i_d (T_e + T_m) + T_b - [mgf_r\cos\theta + \\ \quad \dfrac{1}{2}C_D \rho A v^2 + mg\sin\theta] \cdot \dfrac{1}{\delta m \cdot r} \end{cases} \quad (5.3.8)$$

此外，考虑到所提出的EMS的可应用特性，其状态变量以及控制变量需满足以下不等式：

$$\begin{cases} T_{\text{e\_min}}(\omega_e) \leq T_e(k) \leq T_{\text{e\_max}}(\omega_e) \\ \omega_{\text{e\_min}} \leq \omega_e(k) \leq \omega_{\text{e\_max}} \\ T_{\text{m\_min}}(\omega_m) \leq T_m(k) \leq T_{\text{m\_max}}(\omega_m) \\ \omega_{\text{m\_min}} \leq \omega_m(k) \leq \omega_{\text{m\_max}} \\ \text{SOC}_L \leq \text{SOC}(k) \leq \text{SOC}_H \end{cases} \quad (5.3.9)$$

式中：指数min和max为相应参数的最小值以及最大值；$T_{\text{e\_min}}(\omega_e)$和$T_{\text{e\_max}}(\omega_e)$分别为发动机转矩在相应转速下的最小值以及最大值；$\text{SOC}_L$和$\text{SOC}_H$分别是SOC的下限值以及上限值。

除此之外,将随机驾驶员模型作为 EMS 的一部分,则该问题可转化为约束非线性系统的随机优化问题。其中,常规 MPC 策略的目标函数可定义为

$$J = \int_{t_o}^{t_f} \dot{m}_f(u(\tau),w(\tau)) \mathrm{d}\tau + L_{\text{soc}}(\text{SOC}(t_f) - \text{SOC}_r(t_f)) \quad (5.3.10)$$

式中:$\dot{m}_f(u(\tau)$ 和 $w(\tau))$ 为指代的燃油消耗率;$u(\tau)$ 和 $w(\tau)$ 分别为控制输入以及干扰量;L_{soc} 为 SOC 偏移量与油耗之间的等效系数;$\text{SOC}(t_f)$ 和 $\text{SOC}_r(t_f)$ 为在时刻 t_f 下的实际与参考 SOC。

式(5.3.10)主要包含两个部分,即在预测域中的燃油消耗以及预测域终止时刻的实际 SOC 与参考 SOC 的偏移量。因此该目标函数中同时考虑了瞬时油耗与全局电量分配两部分,在局部优化的前提下具有一定的全局优化性能。而当考虑到 SMPC 的特性之后,其目标函数会与标准 MPC 的目标函数有很大不同,并在对状态等式进行离散化之后,该问题的目标函数可以定义为

$$J = \sum_{k=1}^{p} \sum_{i=1}^{m_k} \pi_{ki} \dot{m}_f(u(k),w(k)_i) + \sum_{i=1}^{m_p} \pi_{pi}(L(\text{SOC}(p) - \text{SOC}_r(p)))$$

$$(5.3.11)$$

式中,m_k 为可行状态 $w(k)$ 的数目,为了保证合理的计算量,$0 < m_k \leq 8$;p 为预测域的步数,在此次计算中,所选取的预测域步数为 10;π_{ki} 为状态 $w(k)$ 的概率。

不同于传统的混合动力车辆,插电式混合动力公交车(Plug-in Hybrid Electric Bus,PHEB)有更大的电池组并且可以通过电网进行充电,因此电池的电能可以为整车的总需求能量提供更多的电能从而减少所需的燃油消耗。为了让 PHEB 在充电站点之间能够更加有效地利用其所携带的电能,可以根据公交工况的部分提前已知特性,通过预先设定好参考 SOC 曲线来更加有效地提高整车的燃油经济性。接下来,该问题则转化为求解在起始站点到终止站点之间的最优 SOC 曲线的问题。由于在该线路上的需求电能也与总的需求总能量有关[54],并基于上面对驾驶行为的分类,可以获得简化的最优参考 SOC 曲线。由于相同类型的驾驶行为所对应的不同驾驶路段具有一定的相似性,其整车的需求能量也具有一定的相似性,可以近似认为相同种类的

驾驶行为路段中单位里程的整车需求能量相通，因而整车的能量需求可以通过不同种类的驾驶行为所对应的路段来获得。对于 PHEB 而言，要使得整条工况上的能量消耗实现最优就是使电池的电量在工况的终点耗尽，则在整条工况上的参考 SOC 值可以通过下式计算：

$$\text{SOC}_r = \text{SOC}_{ini} - (\text{SOC}_{ini} - \text{SOC}_L) \cdot \frac{\sum_{i=1}^{m-1} \rho_i l_i + \rho_m \left(S - \sum_{i=1}^{m-1} l_i \right)}{\sum_{i=1}^{k} \rho_i l_i} \quad (5.3.12)$$

$$\rho_i = \bar{T}_{idem} \cdot l_i \quad (5.3.13)$$

式中：SOC_{ini} 为在起始站点处的初始 SOC 值；m 为车辆所在的路段处；k 为整个驾驶工况中的总共路段总数；ρ_i 为在路段 i 上的 SOC 变化率因子，可通过不同类型驾驶行为的总需求能量来获得；S 为从起始站点到当前车辆所处位置的距离；l_i 为路段 i 的长度；$\bar{T}_{idem}$ 为在路段 i 上的平均需求转矩。

在本节中，ρ_i 可以表述为路段上的平均需求转矩与路段总长度的乘积，并且该数值的计算可基于之前获得的历史数据。为了更好地说明，在一个典型的公交工况下的参考 SOC 曲线如图 5.3.6 所示。

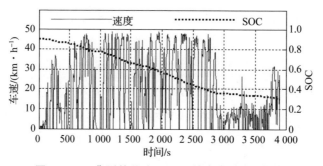

图 5.3.6 典型的公交工况下的参考 SOC 曲线

基于本节中所提出的非线性状态空间方程以及目标函数，传统的线性模型预测的优化求解方法将不再适用。考虑到该最优化问题还有多个不等式约束，该问题可以转化为一个多阶段决策最优化问题，因而动态规则算法可用来求解 SMPC 中的滚动优化过程。由于 DP 算法存在着计算量大、难以实时在线应用等缺点，改进的 DP 算法可用于求解此问题。

考虑到 SMPC 中预测域有限的步长数，且通常来说其预测步长都会远远小于整体运行工况的长度，因而可行的 SOC 变化范围也会得到极大的缩小，通过计算每一步 SOC 可达到的最大以及最小变化率，可以获得在预测域内的 SOC 可行区间。由于在本非线性优化问题之中，SOC 是 DP 算法的状态变量，因而该值可行域的大幅减小将会有效地降低计算所需的时间损耗。为了更加形象地描述该 SOC 可行区间，在一段预测域中的 SOC 可行区间如图 5.3.7 所示。由图中可知，SOC 的变化区间非常有限，并且通过选取合适的 SOC 离散精度以及控制变量即电机转矩的离散精度，可使得计算复杂度得到有效的降低。最终，通过对算法的计算复杂度以及优化性能的均衡优化对比，将 SOC 的离散精度选为 0.003，而将转矩变化率的离散精度选为 10 N·m。在此种条件下，所获的计算时间可在样本时长之内同时保证优化结果的有效性。此外，由于预测域的区间是有限的，考虑到在该区间内 SOC 变化率较小，因而可以简化认为在该区段内的电池组内阻以及其对应的开环电压为在该区间内保持不变的常数。综上所述，通过简单地对现有 DP 进行合理地优化以及参数设定可以使得所采用的 DP 算法能很好地用来解决该问题。

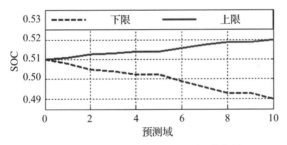

图 5.3.7　预测域内 SOC 可行域曲线

2. 基于瞬时优化策略的 MSMPC 策略

针对所研究的 PHEB，基于 SMPC 的 EMS 可以获得很好的性能优化。然而，为了获得近似最优的燃油经济性，SMPC 的目标函数如式（5.3.11）所示，其中包含了预测域内总的燃油消耗以及在该区间上实际 SOC 与参考 SOC 之间的偏差。由于参考 SOC 曲线是从保证电量在整车行驶工况下合理地使用角度来提高整车的经济性能，而又考虑到预测域的本身的有限性特点，有时候相对严格的实际 SOC 对于参考 SOC 跟踪性能的要求反而会导致需求之外的次优转矩分配结果，从而在某种程度上又会导致燃油经济性的降低。因此，如果能在不影响 SOC 跟踪性能的同时改善这些次优的转矩分配以保证电机-发动机的高效运行将会有效地提高整车的燃油经济性能。所以，考虑到瞬时优化策略的特性，提出了基于瞬时优化策略的 MSMPC 策略。

为保证 SMPC 在整个预测域上的局部最优性能，同时考虑到所建立的驾驶员需求模型以及简化预测模型的不确定性问题，在预测域内所获得的最优控制序列会减弱对预测域内第一步的性能优化的效果。但是，考虑到 SMPC 本身的优化特性，在每一次优化过程中只有第一步的控制输入会被输入到控制对象中并被使用，第一步的控制输入会对优化结果产生更为显著的影响。另外，ECMS 作为一种被广泛认可的瞬时优化策略，其特点就是寻求当前时刻的等效最优油耗所对应的转矩分配，其目标函数可以被表述为

$$J_{ins} = (\dot{m}_f(u(\tau), w(\tau)) + \dot{m}_{ele}(x(\tau))) \cdot \Delta t \quad (5.3.14)$$

式中：t 为当前时刻；Δt 为所采用的时间步长；$\dot{m}_{ele}(x(\tau))$ 为等效为燃油消耗的电量消耗量。

通过该目标函数以及 SOC、v、T_{dem} 可以获得该策略下的最优转矩分配，而其中 $J_{ins}(u)$ 根据离线计算可记录获得相应的数值。利用该瞬时优化策略的对当前等效能耗优化的特性，利用该瞬时最优控制输入来惩罚 SMPC 的第一步控制输入，则 MSMPC 的目标函数可定义为

$$J = J + H(u(t_0)) \quad (5.3.15)$$

式中：$H(u(t_0))$ 为瞬时优化策略对 SMPC 的修正项，可定义为

$$H(u(t_0)) = \begin{cases} k_b \cdot (J_{ins}(u(t_0)) - J_{min}), & J_{ins}(u(t_0)) > k_a \cdot J_{min} \\ k_c \cdot (T_e - T_{opt}), & T_e > T_{opt} \\ 0, & \text{其他} \end{cases}$$

$$(5.3.16)$$

式中：$J_{ins}(u(t_0))$ 为在时刻 t_0 的瞬时油耗；J_{min} 为在时刻 t_0 的油耗最小值；k_a 为用来评价是否需要对 SMPC 第一步控制变量进行修正的因子；k_b、k_c 为最优转矩分配的等效系数。

在图 5.3.8 中给出了 MSMPC 修正前后发动机工作点改进的示意图。

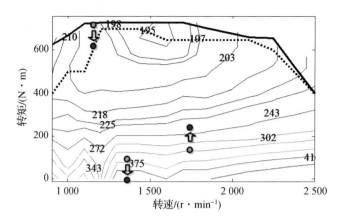

图 5.3.8 发动机工作点修正示意图（附彩插）

由图可知，通过引入惩罚项，一些原始的工作点从黄色点跳变到蓝色点，发动机可以获得更加良好的燃油经济性。同时，考虑到在整条工况上，通过合理的参数设定，对发动机的工作点调整而引起的工况上总体的电量消耗变化非常小，从而获得整个工况下更为优化的整车能耗。

5.3.4 基于多目标最优的能量优化控制

对于 PHEB 而言，其具有多种工作模式，不同工作模式可高效地应对不同工况需求，因而其通过多种运行模式之间的协同工作混合驱动可实现更好的燃油经济性。然而，在混合驱动过程中，频繁的模式切换过程会被触发，而该过程会伴随着额外的燃油消耗，离合器磨损导致驾驶性能的降低，特别是在发动机开启模式与发动机关闭模式之间进行切换时。因此，如何有效地利用多模式协同工作来降低整车能耗同时减少不必要的模式切换次数是当前亟待解决的一个问题。针对该问题，在上述工作的研究基础上，本章提出了基于多目标优化的 SMPC 能量优化控制。其控制框图如图 5.3.9 所示。由图可知，该策略由受控对象模块、随机驾驶员模块、状态空间方程模块、参考 SOC 模块、反馈校正及滚动优化部分构成。则本节针对该问题，对问题的提出描述以及多目标 SMPC 的提出及求解进行了详细概述，具体介绍如下：

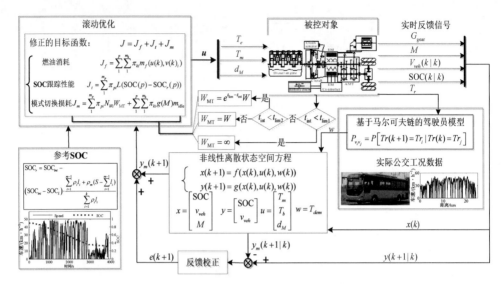

图 5.3.9 基于多目标优化的 SMPC 能量优化控制

1. PHEB 多工作模式及模式切换过程介绍

从第 4 章中 PHEB 的构型可知,在该并联系统构型中,发动机与电机连接在同一驱动轴上,从而引出了在电机与发动机不同转矩分配的情况下,PHEB 具有六种不同的工作模式。而在实际驱动过程中,根据工况复杂程度的不同,整车良好的燃油经济性则是依靠频繁的模式切换过程以及多模式之间的合理组合来实现的。而在这些过程之中,从纯电驱动模式切换到混动/发动机单独驱动模式时,所引起的电机启动发动机过程由于其所导致的额外的燃油消耗以及离合器的磨损以及驾驶性能的降低需要被给予足够的考虑[57-58]。为了更好地了解电机启动发动机过程,该过程被分解并展示于图 5.3.10 和图 5.3.11 中。

在图 5.3.10 中:ω_{idle} 为发动机的怠速转速;T_c 为离合器转矩;箭头方向指代的是驱动系统中力矩的传递方向;而 J_e 和 J_{veh} 则分别为发动机以及整车的转动惯量。如该图所示,整个电机启动发动机过程可分为四个阶段:(a)离合器分离阶段;(b)离合器滑摩阶段 Ⅰ;(c)离合器滑摩阶段 Ⅱ;(d)离合器接合阶段。而该电机启动发动过程所对应的实际过程如图 5.3.11 所示,不同的阶段也已在该图中标注出来。由图 5.3.10 和图 5.3.11

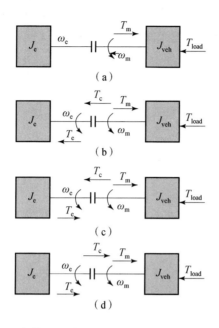

图 5.3.10　在模式切换过程中简化的驱动系统模型示意图
（a）离合器分离阶段；（b）离合器滑摩阶段Ⅰ；（c）离合器滑摩阶段Ⅱ；（d）离合器接合阶段

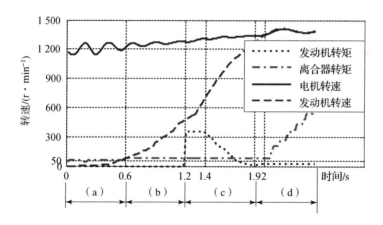

图 5.3.11　在模式切换过程中发动机 – 离合器转矩以及发动机 – 电机转速曲线

可知，（a）阶段是模式切换的准备阶段，在该阶段中，发动机转速为0，离合器分离，PHEB仍然工作在纯电驱动模式；（b）阶段是电机启动发动机的第一个阶段，在该阶段中，离合器处于滑摩阶段，发动机转速小于怠速，发动机自身不提供驱动力，此时整车的动力仍为电机提供。同时，电机还通过离合器的滑摩过程负责提供启动发动机所必需的额外驱动力，即克服其阻力以及提供加速度所需力矩；（c）阶段过程中，离合器依旧处于滑摩过程中，但是此时发动机转速介于发动机怠速与电机当前转速之间，发动机提供一部分驱动力来保证自身的加速度，以缩短离合器滑摩时间；最后当发动机转速与电机转速相同时，则处于（d）阶段，即离合器接合阶段。在该阶段，离合器接合，并根据上层的转矩需求可合理地选择不同的驱动模式，如发动机单独驱动模式、电机单独驱动模式以及混合驱动模式。在当前的实车应用上，发动机的启动是由踏板开度，当前电池 SOC 值以及当前车速多个参数协同决定，一般会使在整车需求转矩超过电机单独驱动所能承受的负荷之前启动发动机，保证足够的动力需求。在图 5.3.11 中，发动机启动之后的短时间之内仍然保持着怠速而不提供额外的驱动力，此时离合器转矩不断上升，则是由于离合器处于接合状态，其转矩自己的计算测量不准确所导致的。

基于上述过程中的实际数据，为了更好地量化模式切换过程的损耗来实现多工作模式与能量最优间的协同优化，本节根据图 5.3.11 中所采集的典型模式切换过程数据，通过该数据来计算该实际过程中的额外能耗以及离合器磨损。由该图可知，这部分损耗主要发生在离合器滑摩过程的（b），（c）两个阶段中。为获得对该过程中额外的燃油消耗以及该过程对离合器寿命的影响，则总的等效指标可表示如下：

$$W_{MT} = W_{fuel} + W_{ele} + W_c \tag{5.3.17}$$

$$W_{fuel} = k_e \cdot \int_{t_o}^{t_f} \frac{T_e \cdot \omega_e}{1\,000} dt \tag{5.3.18}$$

$$W_{ele} = k_{EM} \cdot \int_{t_o}^{t_f} \frac{(T_m^*) \cdot \omega_m}{1\,000} dt \tag{5.3.19}$$

$$W_c = k_c \cdot \int_{t_o}^{t_f} T_c |\omega_m - \omega_e| dt \tag{5.3.20}$$

式中：W_{MT} 为电机启动发动机过程总的等效消耗；W_{fuel}、W_{ele}、W_c 分别为该过程中的额外燃油消耗，额外电耗以及该过程中的等效离合器损耗；T_m^* 为电机用来驱动发动机所导致的额外电机转矩部分；k_e、k_{EM} 和 k_c 分别为燃油消耗、额外的电能损耗以及离合器的损耗的等效系数。

此外，由于 k_e 和 k_{EM} 分别是所消耗燃料以及电池电能的等效系数，因而这些系数可以通过其燃料的价格与实际的电价进行等效处理。此处，两者分别为 $k_e = 0.139$，$k_{EM} = 0.041$。除了这两个参数，离合器的磨损量作为不同于燃油消耗以及电耗的评价指标，它的系数 k_c 并不能被直接确定。而通过对离合器价格的参考以及实际中该参数对模式切换过程与整车能耗之间的均衡影响关系，通过多个参数间的比较分析，最终确定该系数 $k_c = 0.000\ 587$。

2. 问题描述

在混合动力车辆运行过程中，为实现多模式交替运行，模式切换会频繁发生，然而其中部分是可以避免而非必要的。因此，选择模式切换的合理的时刻以及减少不必要的模式切换过程将是有效地提高整车性能的方法。因此，为了同时提高整车的燃油经济性以及降低整车的模式切换次数，整个优化控制问题可以被分解为两个部分：一方面，可通过以燃油经济性为最优目标的最优化 EMS 来决定不同时刻、不同工作模式下的最优转矩分配；另一方面，则是最优工作模式的选择，即最优的模式切换过程发生的时刻以及条件。正如 5.3.3 节中所描述的，在多种模式切换的过程中，电机启动发动机过程由于其更为凸显的额外能耗以及对整车可靠性与驾驶性的影响，该过程被重点关注，则有关该过程的相应工作模式则是需要考虑的重点。因此，对于该问题，本节将所有的工作模式进行重新地再定义，即将工作模式分为两种，分别是离合器接合模式以及离合器分离模式。离合器接合模式指代的是离合器处于接合过程的工作模式，包括混合驱动模式、发动机单独驱动模式以及主动充电模式；而离合器分离模式则是指离合器处于分离阶段的过程，包括纯电驱动模式、怠速停机模式以及制动能量回收模式。因此，本节中所研究的能量管理问题则可转化为选择最优的工作模式以及对应的最优能量分配问题。不仅如此，当发动机的需求转矩由正扭矩跳变到 0 的时候，是否将工作模式立即由离合器接合模式切换到离合器分离模式也是需要考虑的问题。因此，所提出的局部优化控制策略即基于 SMPC 的 EMS 将会比瞬时优化策略在该问题的处理上更为可靠及有效。

3. 应用于 PHEB 的多目标 SMPC 能量优化控制

由 5.3.3 节对 PHEB 模型以及 SMPC 的相关描述可知，在本节中考虑到模型的强非线性，所选用的状态空间方程为非线性状态空间方程。然而，由于对模式切换过程以及离合器接合模式以及离合器分离模式的引入，最后的非线性离散状态空间方程可以表述如下：

$$x(k+1) = f(x(k), u(k), w(k)) \quad (5.3.21)$$

$$y(k) = g(x(k), u(k), w(k)) \quad (5.3.22)$$

$$x(k) = [SOC(k), T_e(k-1), M(k)]' \quad (5.3.23)$$

$$u(k) = [\Delta T_e(k), T_b(k), d_M(k)]' \quad (5.3.24)$$

$$y(k) = [SOC(k), T_e(k)] \quad (5.3.25)$$

$$w(k) = T_{dem}(k) \quad (5.3.26)$$

式中：$x(k)$ 和 $x(k+1)$ 为在时刻 k 和时刻 $k+1$ 的状态变量；$u(k)$ 为在时刻 k 的控制变量；$w(k)$ 为在时刻 k 的随机干扰量；$M(k)$ 为在时刻 k 的工作模式；$\Delta T_e(k)$ 和 $d_M(k)$ 为在时刻 k 发动机转矩的变化率以及工作模式的变化量。

结合 PHEB 的整车模型，则所提出的状态空间方程如下：

$$\begin{cases} x_1(k+1) = x_1(k) + \dfrac{U(x_1(k))}{2 \cdot Q_{bat} \cdot R(x_1(k))} - \\ \qquad \dfrac{\sqrt{U^2(x_1(k)) - 4R(x_1(k)) \cdot P_{EM}(x_2(k), u_1(k), u_2(k)w(k))}}{2 \cdot Q_{bat} \cdot R(x_1(k))} \\ x_2(k+1) = x_2(k) + u_1(k) \\ x_3(k+1) = x_3(k) + u_3(k) \\ y_1(k) = x_1(k) \\ y_2(k) = x_2(k) + u_1(k) \end{cases} \quad (5.3.27)$$

式中：$x_i(k)$ 为时刻 k 的第 i 个状态变量；$u_i(k)$ 和 $y_i(k)$ 为时刻 k 的第 i 个控制变量和输出变量。

该 SMPC 的控制对象为多输入多输出系统，同时具有多个状态变量，则从实际过程中整车以及部件的需求来看，该系统中的控制变量以及状态变量需满足以下需求：

$$\begin{cases} T_{e\_min}(\omega_e) \leq T_e(k) \leq T_{e\_max}(\omega_e) \\ \omega_{e\_min} \leq \omega_e(k) \leq \omega_{e\_max} \\ T_{m\_min}(\omega_m) \leq T_m(k) \leq T_{m\_max}(\omega_m) \\ \omega_{m\_min} \leq \omega_m(k) \leq \omega_{m\_max} \\ SOC_L \leq SOC(k) \leq SOC_H \\ d_M(k) \in \{-1,0,1\} \\ M(k) \in \{0,1\} \end{cases} \quad (5.3.28)$$

式中：$T_m(k)$ 为在时刻 k 的电机转矩，根据所列举的状态空间方程，该变量可表述为

$$T_m(k) = T_{dem}(k)/i_d \cdot i_{AMT} \cdot \eta_T - T_e(k) - T_b(k) \quad (5.3.29)$$

此外，考虑到所研究的 SMPC 中涉及的随机特性以及其中涉及的多目标优化问题，该问题的目标函数可表述为

$$J = \sum_{k=1}^{p}\sum_{i=1}^{m_k} \pi_{ki} \dot{m}_f(u(k), w(k)_i) + \sum_{1}^{m_p} \pi_{pi} N_{Wi} W_{MT} + \sum_{1}^{p}\sum_{1}^{m_k} \pi_{ki} g(M) \dot{m}_{idle} + \\ \sum_{i=1}^{m_p} \pi_{pi}(L(SOC(P) - SOC_r(P))) \quad (5.3.30)$$

这里应用于多目标 SMPC 的预测模型及目标函数都已确定，下面可采用修正的 DP 算法进行迭代优化过程求解即可获得该多目标 SMPC 的最优解，具体做法及参考 SOC 的计算可见 5.3.3 节。

本节首先通过对 PHEB 自身特性及运行工况重复可统计的特点分析，同时考虑到工况的部分信息可提前获知，提出了基于驾驶意图识别的 EMS。在此基础上，考虑 PHEB 多工作模式运行的特点，针对 PHEB 运行过程中多工作模式与整车燃油经济性之间的均衡优化问题，提出了基于多目标 SMPC 的 EMS，通过对模式切换过程的分析及问题的抽取，建立了新的预测模型以及目标函数，从而获得了 PHEB 多目标优化性能。

5.4 结果与分析

针对5.3节提出的两种EMS，本节对上述两种策略都进行了仿真验证，并通过与多种策略进行对比分析，证明了所提出方法的有效性及应用潜力，为实车控制策略的开发提供了很好的研究方向。

5.4.1 基于驾驶意图识别的能量优化控制结果分析

本节中，基于所提出的EMS及前述的整车动力系统模型，在多个不同工况下进行了闭环仿真验证。为了更好地表述所提出策略的普适性，一些常用的标准工况及实际运行工况都被用作测试工况。在此，针对商用客车，标准工况采用的是城市驾驶工况（Urban Dynamometer Driving Schedule，UDDS）以及欧洲经济委员会工况（Economic Commission for Europe，ECE），实际运行工况采用的则是某城市公交道路工况。为了对所提出策略的可行性及优化性能进行更为合理有效的评述，基于MPC的EMS、基于SMPC的EMS、基于电量消耗－维持策略（Charge Depleting and Charge Sustaining，CD－CS）的EMS以及基于DP的EMS都被采用进行比对。本节的内容安排如下：第一部分介绍所提出策略与多种不同策略在多种不同工况下的仿真结果对比分析；第二部分别对基于MSMPC的EMS的工作机理及应用效果进行了详尽的分析。

1. 多种能量优化控制仿真结果对比分析

在该种策略的开始，针对所应用的工况采用K－均值方法对所应用的工况进行了驾驶行为分类，不同驾驶行为对应的典型驾驶工况已在对应章节进行了分析。而针对所研究的工况为了更好地说明所提出EMS的有效性，应用于实际运行工况上的路况分类结果如图5.4.1所示。由图可知，实际的驾驶工况复杂多变，在该条路况上，其路况所对应的不同类型改变次数较多。具体来说，对应于高速路段（平均车速较高路段），就有三类不同的与之相对应的驾驶行为。如果其他的特征参数被考虑进来，则看似类似的工况可能会有更多的类别。同理，对于中速以及低速路段也能被分为多种类型。因此，从上述结果可知，应用所提出的离线驾驶行为分类方法以及在线识别方法，实际道路工况可以得到有效的分类，从而获取相对应的不同类型的驾驶行为。因而可知，所提出的基于 K - 均值的驾驶行为分类方法可为之后的 SMPC 以及 MSMPC 提供有效的前处理环节，使驾驶行为得到有效的分类。

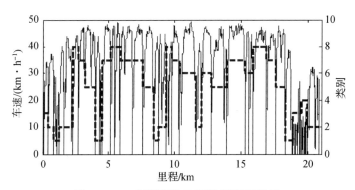

图 5.4.1　实际驾驶工况聚类识别结果

在本节中，为了更好地评价 MSMPC、SMPC、MPC 的性能，标准工况 ECE、UDDS 以及实际运行工况被用来作为测试工况进行对比分析。此外，CD - CS 策略与 DP 策略都被用作基准策略，其中，CD - CS 代表的是当前实车应用的基准策略，DP 则代表的最优 EMS，因而通过该对比可全面得到所提出方法的先进性以及与最优解之间的差距。其中，由于 CD - CS 策略以及 DP 策略在之前的许多文献中都有提及，相应的仿真结果以及分析都已较为完善。因此本节只把此两种方法的数值结果列于表 5.4.1 中，不同策略的 SOC 曲线如图 5.4.2 所示，用于仿真结果的对比分析。

表 5.4.1　多种策略在三种运行工况下的仿真结果对比

策略	气耗/m³	电耗/(kW·h)	平均比油耗/(g·kW^{-1}·h^{-1})	总提升/%
实际应用公交工况				
CD - CS	2.33	10.74	226.51	
SMPC	1.84	10.74	204.59	9.16
DP	1.65	10.75	203.39	12.67
MSMPC	1.71	10.94	203.42	10.54

续表

策略	气耗/m³	电耗/(kW·h)	平均比油耗/(g·kW⁻¹·h⁻¹)	总提升/%
UDDS				
CD-CS	10.91	7.07	273.06	
SMPC	8.19	7.19	210.00	20.83
DP	7.25	7.19	207.21	28.12
MSMPC	7.72	7.20	208.19	24.45
ECE				
CD-CS	2.72	7.00	277.39	
SMPC	1.94	7.20	208.30	15.45
DP	1.69	7.21	204.66	20.72
MSMPC	1.78	7.30	204.99	18.26

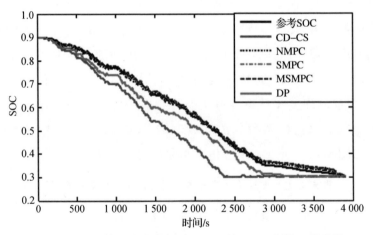

图 5.4.2 不同策略在实际驾驶工况下的 SOC 曲线（附彩插）

由于标准循环工况的行驶里程较短，针对所研究的 PHEB，无法有效地测试出不同 EMS 的优劣，因为所研究工况过短，仅通过 PHEB 自身所携带的电量即可完全覆盖。因而，为了避免该种情况的发生，通过对标准工况进行循环多次的方法，有效地避免了该问题，表 5.4.1 中的结果便是多次重复相同标准工况的结果，包括燃料消耗、电耗、平均比油耗以及总体的节能提升都表中提及。此处，考虑到电量与燃料消耗之间的不同量级问题，采用市场价格对此不同参量进行等价处理，本节所采用的实时 CNG 价格为 3.56 元/m³，而电价则是 1 元/(kW·h)。

由于实际 SOC 相对于参考 SOC 的跟踪性能被作为应用于插电式混合动力的基于 SMPC 策略中目标函数中的一个重要组成部分，因而在图 5.4.2 中，该曲线被用来进行对比分析。从该图中可以看出，不同策略的 SOC 曲线在整条工况上具有一定的相似性，但在对应的每一个时刻却均有着很大的区别。对于所提出的 MSMPC 策略，即使发动机的需求转矩在有些情况下由于工作效率修正的原因得到了很大的调整，但在整条工况下，该策略亦能保证电能在整条工况上的合理使用。除了上述仿真结果，为了更好地对比不同策略的仿真结果，在不同运行工况上对应的不同策略如图 5.4.3～图 5.4.5 所示。从表 5.4.1 的结果中可知，SMPC 的能耗会比常规 MPC 策略的能耗低，同时 MSMPC 策略相对于 SMPC 能获得更好的燃油经济性。更重要的是，所提出的策略相对于传统的 CD－CS 策略。在实际运行工况下，可提升 10.54% 的燃油经济性，而在标准工况 ECE 和 UDDS 上，则分别为 18.26% 和 24.45%。对于所研究的 DP 策略，相对于 CD－CS 策略，在实际工况，ECE 和 UDDS 上，分别能获得 12.67%、20.72% 和 28.12% 的燃油经济性提升。从结果可知，所提出的 MSMPC 策略在优化结果上与 DP 所代表的全局最优策略具有相近的优化结果。因此，所提出的 MSMPC 策略可作为近似全局最优 EMS。从所有测试工况的燃料消耗以及电耗上来看，对于 PHEB 而言，不同的初始电能对整条工况上的燃油经济性会有十分明显的影响。不仅如此，通过比较 SMPC 和 MSMPC 的仿真结果可知，所提出的基于发动机工作点修正原理的改进方法可有效地改进 SMPC 策略的比油耗性能。

通过引入随机驾驶员模型，SMPC 策略的驾驶员行为可以被更为有效地预测，并且基于该预测的整车能量管理优化结果也会变得更为可靠，所以该策略相对于传统的将驾驶员输入作为干扰项处理的 MPC 策略会达到更为优异的燃油经济性。由表 5.4.1 可知，随着驾驶工况的多变性增加，复杂性提高，相对应的 SMPC 策略则可以获得更为有效的优化结果。然而，由于该 SMPC 策略是一种局部优化控制，它不同于全局优化方法，通过该方法所获得的最优控制输入不一定即为所需求的最优解。因此，考虑到瞬时优化策略对当前最优解获取的思想，采用瞬时优化策略对 SMPC 的第一步控制量进行修正，即提出 MSMPC 策略从而更好地利用局部优化与瞬时优化两者不同的优点。

2. 基于 MSMPC 的能量优化控制机理及效果分析

如 5.3 节所述，为了更好地获得基于驾驶行为分类的随机驾驶员模型对 PHEB 的 EMS 优化性能的影响，基于该随机驾驶员模型的 SMPC 与传统的常规 MPC 结果进行了对比，如图 5.4.3 所示。从图中可知，该路线上的发动机的转矩、电机转矩以及车辆速度都被包含在内。然而，由于整条工况跨距太长，整体分析难以获得有效的结论，因而在该线路上典型的两个路段被用来进行对比分析，分别如图 5.4.4 和图 5.4.5 所示。从图 5.4.4 可知，在

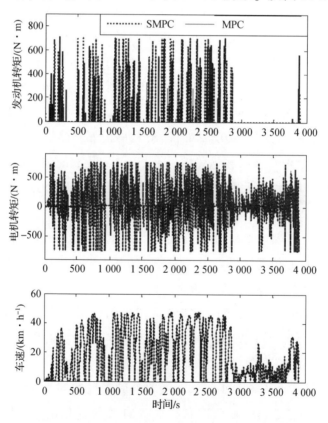

图 5.4.3　SMPC 及常规非线性 MPC 仿真结果

500~520 s 这一段工况之间，SMPC 与常规 MPC 所得到的最优控制输入是完全不同的，而这种差异则是由驾驶员模型的不同所导致的。在该时段内，同时包含加速过程与减速过程。在该前段时间之内，整车具有大的转矩需求，因而常规 MPC 难以实现对后半部分减速可能的预测。因此，为了更好地跟踪参考 SOC 曲线，此时所分配的发动机转矩会比 SMPC 的分配发动机转矩要大。而由于有着驾驶员模型的影响，SMPC 可对随后出现的可行驾驶员需求转矩变化做出响应，并获得在该短时间内更为合理的发动机转矩分配。

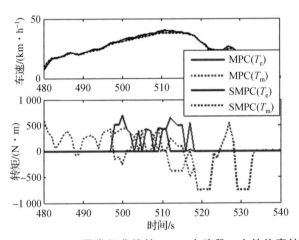

图 5.4.4　SMPC 及常规非线性 MPC 在路段 1 上的仿真结果

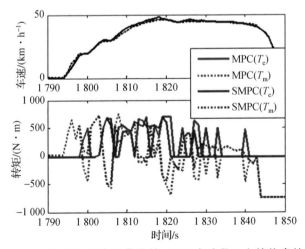

图 5.4.5　SMPC 及常规非线性 MPC 在路段 2 上的仿真结果

从图 5.4.5 可知,对于该种加速度有微小波动的驾驶工况,常规 MPC 不能判别未来较近时间内所对应的驾驶员需求变化趋势。因此,会根据当前的最优目标,使得电量在前段时间过度使用,从而导致在该段的后半段中,不得不通过主动充电的方式实现最优化局部目标,而该种情况对于整车的燃油经济性的提升是非常不利的。相比之下,SMPC 的结果则显得更为合理有效。

此外,MSMPC 与 MPC 对比的仿真结果如图 5.4.6 所示。同理,考虑到整个工况较长的跨距对分析数据的不利影响,对其中的一小部分工况进行放大处理、对比分析,对比结果如图 5.4.7 所示。由图可知,通过对低效发动机工作点的合理调整优化,PHEB 动力源的工作效率可以得到有效提升,并且从整体来看,该策略对于参考 SOC 的跟踪性能也具有不错的效果。

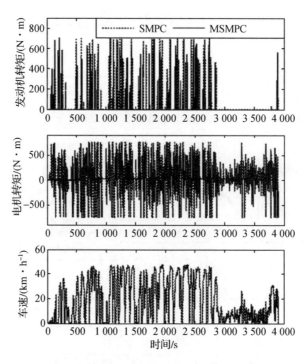

图 5.4.6 MSMPC 与 SMPC 对比的仿真结果

第 5 章　并联混合动力系统能量优化控制

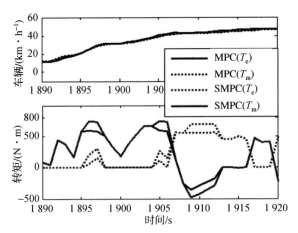

图 5.4.7　MSMPC 及 SMPC 在部分路段上的仿真结果

5.4.2　基于多目标优化的能量优化控制结果分析

本节针对所提出的多目标优化 SMPC 能量优化控制，采用多种不同策略在多种不同工况下进行仿真对比，并进行详尽分析，从而更好地了解所提出的多目标优化 SMPC 策略。具体实现如下。

在本节中，首先，用来进行对比的 EMS 为 ECMS、DP、SMPC，并且上述所有 EMS 均在同样的整车仿真模型下进行验证对比。不同策略在实际城市道路工况下的速度时间曲线如图 5.4.8 所示。由图中可知，这些策略均可以很好地跟随实际工况的期望车速，因而所有策略均可满足该工况的动力性能需求。

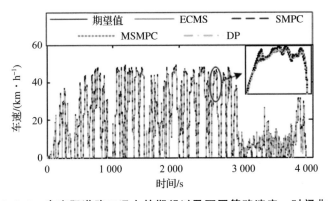

图 5.4.8　在实际道路工况上的期望以及不同策略速度 – 时间曲线

为了更好地验证不同策略的适用性，本次采用的测试工况也有三种，包括中国典型城市公交工况（China Typical City Bus Driving Cycle，CYC）、ECE和实际驾驶工况。特别是，为了保证电量不会覆盖整个运行工况，因而标准工况被多次重复运行，同时不同策略的总燃料消耗、电耗、平均比油耗以及模式切换次数、总能耗提升量以及模式切换减少比例都被统计并对比，该数据列于表5.4.2中。

表5.4.2　多种策略在三种运行工况下的仿真结果对比

策略	气耗 /m³	电耗 /(kW·h)	平均比油耗 /(g·kW⁻¹·h⁻¹)	总经济性提升 /%	模式切换次数	模式切换减少比例 /%
实际公交工况						
ECMS	2.19	10.76	207.26	[-]	300	[-]
SMPC	1.95	10.74	206.14	10.96	172	42.67
MSMPC	2.00	10.74	206.65	8.64	82	72.67
DP	1.65	10.75	203.39	24.66	285	5.26
CYC						
ECMS	9.35	7.15	218.59	[-]	71	[-]
SMPC	8.62	7.19	211.35	7.81	36	49.30
MSMPC	8.94	7.19	212.17	4.39	29	59.15
DP	7.65	7.21	207.15	18.18	99	-39.44
ECE						
ECMS	2.25	7.20	212.32	[-]	126	[-]
SMPC	2.04	7.20	208.95	9.33	45	64.29
MSMPC	2.15	7.19	209.76	4.44	30	76.19
DP	1.69	7.21	204.66	24.89	116	7.94

考虑到SOC曲线作为电量在整个运行工况上分布重要的指示指标，因而所有策略的SOC曲线如图5.4.9所示。由图可知，SMPC和多目标SMPC策

略的 SOC 曲线非常相近。但是，具体时刻却又不同，可参考图 5.4.9 左下角的放大图，这是由于具体目标函数不同，但是拥有相同的驾驶员模型以及参考 SOC 的缘故。此外，由于 CD – CS 策略不是最优化策略且无参考 SOC 曲线，因而其所对应的 SOC 曲线与其他策略有明显差异，而这也导致了该策略在运行工况下的电量分配不合理。

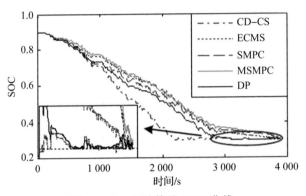

图 5.4.9 多种策略 SOC 曲线

为了更好地对比不同 EMS，各种策略所对应的仿真结果如图 5.4.10 ~ 图 5.4.13 所示。在每一个图中，PHEB 工作模式、转矩分配以及电耗、气耗都被展示出来。同时，对于该图中的工作模式，依据第 4 章的介绍，该模式有两种：0 和 1 分别代表着发动机关闭模式以及发动机开启模式。通过对比不同策略的工作模式以及转矩分配情况可知，多目标优化 SMPC 的模式切换次数明显少于其他策略。结合表 5.4.2 可知，ECMS 以及 DP 的模式切换次数相较于 SMPC 以及多目标 SMPC 的结果会相对来说大很多，这是由于不同策略的优化原理的不同所造成的。具体来说，对于 ECMS 而言，其工作原理便是获得 PHEB 的瞬时等效燃油经济性最好。因此，其倾向于发动机工作与高效区域，该策略的结果便会造成发动机转矩在整个循环工况上的不连续，即发生频繁的模式切换过程。对于 DP 而言，作为一种被广泛接受的全局最优 EMS，其也是倾向于使发动机尽量工作在高效区间。然而，由于该方法中并未考虑模式切换这一瞬态过程，因此而该策略的结果倾向于使得发动机工作在大负荷区，由此也会导致工作模式的频繁切换，但是这种过于频繁的切换在实际中是不合理的。即使 SMPC 策略的模式切换次数远小于 ECMS 以及 DP

策略模式切换次数，但是在 3 898 s 的驾驶工况下 172 次模式切换次数也会显得有些过于频繁，从而导致其离合器寿命的降低，驾驶过程中顿挫感而导致的驾驶性能降低。

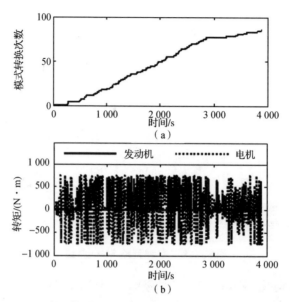

图 5.4.10　多目标 SMPC 策略在实际公交工况下的仿真结果

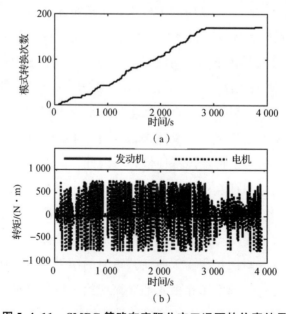

图 5.4.11　SMPC 策略在实际公交工况下的仿真结果

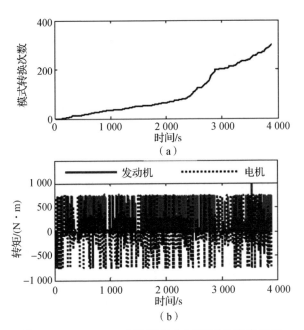

图 5.4.12　ECMS 在实际公交工况下的仿真结果

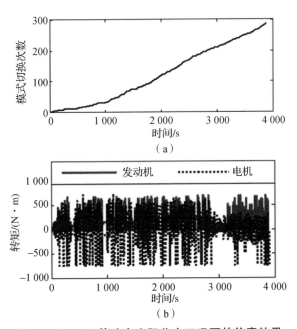

图 5.4.13　DP 策略在实际公交工况下的仿真结果

对于多目标 SMPC 而言，对于实际驾驶工况，仅会发生 82 次模式切换过程。因此，基于以上的分析可知，MSMPC 相对于以上其他策略而言，可有效地减少模式切换次数，从而使得所提出的策略可有效地应用于实际工况。通过对比表 5.4.2 中不同策略的气耗以及电耗，可知在同一种驾驶工况下，不同策略的电耗接近一致，这是因为 PHEB 上的总电耗都是来自电池电能的消耗。然而，由于不同策略中初始 SOC 与终止 SOC 的设定均相同，而最终 SOC 也都耗尽，因而电耗均相同。但是，不同策略的气耗上却具有极大的差异性。从表 5.4.2 中的数据可知，作为全局最优策略，DP 策略的气耗还是最低的，而相比于其他三种策略，ECMS 作为瞬时优化策略，其气耗还是最高的。同时，SMPC 与多目标 SMPC 作为一种局部优化策略，其优化结果也是介于这两种策略之间。此外，即使 SMPC 多目标 SMPC 的表现形式上有很大的区别，但其工作原理一致，本质上具有相似性。因此，除了模式切换次数的差异性，其气耗基本上大致相同，差异性不大。从表 5.4.2 可知，所提出的 MSMPC 策略，相对于 ECMS 提高了 8.64% 的燃油经济性，同时相对于 SMPC 策略燃油经济性下降了 2.5%。

由于标准测试工况与实际驾驶工况下的仿真结果特点基本类似，因而只把是实际工况下的仿真结果展示于图中。为了更好地说明这些数据，标准驾驶工况的速度时间曲线如图 5.4.14 和图 5.4.15 所示。从表 5.4.2 的测试结果可知，对于简单重复的循环工况而言，所有策略的模式切换次数都会有很大程度的降低，因而即使是常规的策略也不会发生过于频繁的模式切换情况。并且在所有的测试循环下，多目标 SMPC 与 SMPC 的燃油经济性相差不大。因此，可以得出结论，所提出的多目标 SMPC 可有效地解决该多目标问题，即在实际运行工况下实现较少的模式切换次数同时实现较低的能耗。而在标准工况下也会有一样的结果。对于单目标的 EMS 而言，如 SMPC、ECMS 和 DP，它们仅能在简单工况下避免频繁的模式切换，而在实际更为复杂的运行工况下则依然会有很大程度的增加。

由于实际工况太长不能详尽地描述，该工况上的一小部分 950~1 500 s 放大展示在图 5.4.16 中。图（a）是该时段的速度时间选择，图（b）~（e）分别是 SMPC、MSMPC、ECMS 和 DP 策略相对应的发动机转矩以及工

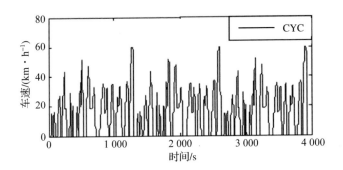

图 5.4.14　CYC 工况速度时间曲线

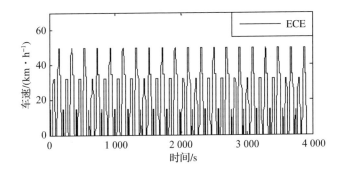

图 5.4.15　ECE 工况速度时间曲线

作模式。通过将 MSMPC 与其他控制策略进行对比，可知通过将模式切换过程进行考虑并等效处理，发动机会在更多的情况下处于持续开启状态，如当预测在较近一段时间内存在发动机开启情况时，则会保持发动机怠速或提供需求转矩，从而避免了发动机的频繁启停以及模式切换的频繁发生。而该种结果则是由 SMPC 的预测域区间优化与模式切换代价同时考虑所共同导致的。在图 5.4.16（b）、(d) 和 (e) 中，则可发现发动机输出转矩变为 0 时，同时在较短时间内并未发生过发动机频繁启动时，则会使发动机关闭，从而导致模式切换次数的增加。而在最优策略的转矩分配情况下，该种分配策略则会导致不连续的发动机转矩，从而导致模式切换过程的频繁发生。

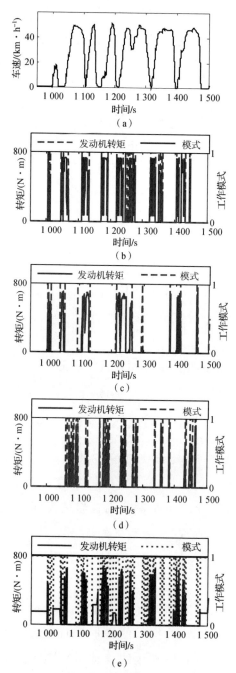

图 5.4.16 不同策略在实际运行工况下的工作模式以及发动机转矩

(a) 测试驾驶循环；(b) SMPC 结果；(c) 多目标 SMPC 结果；(d) ECMS 结果；(e) DP 结果

5.5 小　　结

本章针对 PHEB 能量优化控制的开发进行了相关研究，主要研究工作如下。

依据 PHEB 运行工况特性以及自身特点，提出了基于驾驶意图识别的 MSMPC 的能量优化控制。该方法中同时包括了对交通信息的前馈处理环节、驾驶员建模预测环节以及修正局部优化策略三个主要部分。通过 K – 均值方法对工况信息进行预处理，通过马尔可夫链对驾驶员需求进行建模从而在此基础上建立了 MSMPC 的近似全局优化能量优化控制。为了验证所提出策略的有效性，多种不同的基准策略如 DP 策略、CD – CS 策略等都被当作对比策略并在多种不同的运行工况下进行了仿真验证，同时保证了所提出策略对不同工况的适用性能。通过结果分析可知，相对于基础的实际测量，所提出的能量优化控制可有效地降低整车能耗，同时相比于全局最优能量优化控制，在未来工况不可完全获知的前提下，所提出的能量优化控制可实现近似全局最优性能，使得所提出的能量优化控制具有很大的应用潜力并可为实用策略提供优化改进的方向。

针对 PHEB 多模式协同工作与整车能耗优化间相互制约的问题，提出了基于多目标优化 SMPC 的能量优化控制。首先对模式切换过程进行了分析及数学建模，并对其代价损耗进行等价处理；然后在此基础上提出了多目标 SMPC 能量优化控制；最后在 MATLAB/Simulink 仿真环境中进行了仿真验证，同时多种不同的基准策略以及三种不同的驾驶工况都被采纳用于策略的性能验证。结果表明，所提出的策略在不同运行工况下均可实现合理的模式切换次数同时保证较低的燃油消耗，从而实现了两者之前的同步优化。

第 6 章
混联混合动力系统能量优化控制

6.1 概　　述

混联式混合动力车辆采用差动行星齿轮机构，通过发电/驱动电机实现发动机转速与车轮转速的解耦，通过牵引电机实现发动机转矩与车轮转矩的解耦，因此发动机可以限制在较小范围的经济区进行工作；并且发动机的机械功率可以直接用于驱动车辆，效率较高[59-60]。差动行星齿轮结构可以同时实现功率分流和变速的目的，可以替代传统车辆中的离合器和变速器，是混联式混合动力车辆中的核心部件。本章研究的混联式机电复合传动系统构型如图 6.1.1 所示，动力传动系统主要由一个发动机、两个电机、一组动力电池组和一个动力耦合机构组成，其中动力耦合机构包括三个行星机构（PG1，PG2，PG3）、一个制动器、一个离合器。

通过控制离合器和制动器的接合与分离，可以根据整车的功率需求使用不同的工作模式，本章研究的机电复合传动工作模式如表 6.1.1 所示。

纯电动阶段、发动机单独驱动阶段、行车充电阶段、再生制动阶段、混合驱动阶段都包含在 EVT1 阶段和 EVT2 阶段中。EVT1 阶段主要是低速高功率需求，电机 A 在此模式下为发电机，电机 B 为驱动电机。EVT2 阶段主要是高速低功率需求，电机 B 在此模式下为发电机，电机 A 则在较长时间下工作模式为驱动电机。

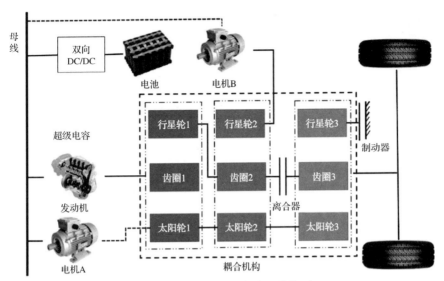

图 6.1.1 机电复合传动系统构型

表 6.1.1 机电复合传动车辆的工作模式

工作模式	发动机	电机 A	电机 B	离合器 1	离合器 2	制动器
纯电动	关	关	驱动电机	OFF	OFF	ON
启动发动机	关/开	关/电动	电动	ON	OFF	ON
EVT1	开	发电机	驱动电机	ON	OFF	ON
EVT2	开	驱动电机	发电机	ON	ON	OFF
能量回收	关	发电机	发电机	ON	ON/OFF	OFF/ON

混合动力车辆具有发动机和两个电机作为动力源,其传动形式是一种包括机械传动和电力传动的多功率流传动,其能量通过行星排耦合机构完成机械功率与电功率的分流和汇流[61]。相较于传统车辆,混合动力车辆具有更好的动力性和经济性,这与其功率分配密切相关。为了更好地理解,下面将对两种模式下系统的功率流进行分析。

(1) EVT1 模式:该模式下系统主要功率流方式如图 6.1.2 所示,电机 A 工作于发电状态,电机 B 工作于电动状态。发动机功率经耦合机构输入端传至行星架 1,功率在此进行分流,一部分功率传递至太阳轮 1;另一部分功率经齿圈 1 传递到行星架 2 并再次分流。传递至齿圈 2 的功率经电机 A 发电，将机械能转化为电能，供给电机 B，传递至太阳轮 2 的功率则与太阳轮 1 的功率、电机 B 的功率完成汇流，并通过行星架 3 传递至输出轴输出功率。

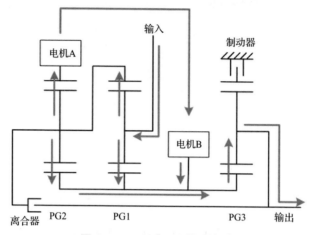

图 6.1.2　EVT1 下的功率流

（2）EVT2 模式：该模式下系统主要功率流方式如图 6.1.3 所示，电机 A 工作于电动状态，电机 B 工作于发电状态。发动机功率经耦合机构输入端传至行星架 1，功率在此进行分流，一部分功率传递至太阳轮 1；另一部分功率传递至齿圈 1。太阳轮 1 上的一部分功率经电机 B 发电将功率转化为电能并供给电机 A；另一部分功率传递至太阳轮 2，并与电机 A 电动功率、齿圈 1 上的功率完成汇流，经行星架 2 通过接合着的离合器输出。

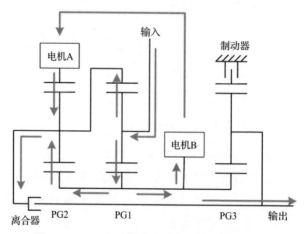

图 6.1.3　EVT2 模式下系统主要功率流方式

由于行星机构的存在，动力耦合机构的输出转矩，输入转矩以及电机 A、电机 B 的转速和转矩之间会存在一定的关系。

在 EVT1 模式下，转速与转矩的关系如下：

$$\begin{bmatrix} T_A \\ T_B \end{bmatrix} = \begin{bmatrix} -\dfrac{k_1 k_2}{(1+k_1)(1+k_2)} & 0 \\ -\dfrac{1+k_1+k_2}{(1+k_1)(1+k_2)} & \dfrac{1}{1+k_3} \end{bmatrix} \begin{bmatrix} T_i \\ T_o \end{bmatrix} \quad (6.1.1)$$

$$\begin{bmatrix} n_A \\ n_B \end{bmatrix} = \begin{bmatrix} \dfrac{(1+k_1)(1+k_2)}{k_1 k_2} & -\dfrac{(1+k_1+k_2)(1+k_3)}{k_1 k_2} \\ 0 & 1+k_3 \end{bmatrix} \begin{bmatrix} n_i \\ n_o \end{bmatrix} \quad (6.1.2)$$

在 EVT2 模式下，转速与转矩的关系如下：

$$\begin{bmatrix} T_A \\ T_B \end{bmatrix} = \begin{bmatrix} -\dfrac{k_1 k_2}{(1+k_1)(1+k_2)} & \dfrac{k_1}{1+k_1} \\ -\dfrac{1+k_1+k_2}{(1+k_1)(1+k_2)} & \dfrac{1}{1+k_1} \end{bmatrix} \begin{bmatrix} T_i \\ T_o \end{bmatrix} \quad (6.1.3)$$

$$\begin{bmatrix} n_A \\ n_B \end{bmatrix} = \begin{bmatrix} -\dfrac{1+k_2}{k_1} & \dfrac{1+k_1+k_2}{k_1} \\ 1+k_2 & -k_2 \end{bmatrix} \begin{bmatrix} n_i \\ n_o \end{bmatrix} \quad (6.1.4)$$

在动态工况下，考虑发动机及电机 A、B 的转动惯量，忽略行星轮转动惯量，系统各部件动态特性如下。

在 EVT1 模式下，有

$$\begin{bmatrix} -\dfrac{J_e}{i_q} & -\dfrac{(1+k_1)(1+k_2)}{k_1 k_2} J_A & 0 \\ 0 & -\dfrac{(1+k_1+k_2)(1+k_3)}{k_1 k_2} J_A & (1+k_3) J_B \end{bmatrix} \begin{bmatrix} \dot{n}_e \\ \dot{n}_A \\ \dot{n}_B \end{bmatrix}$$

$$= \begin{bmatrix} -1 & -\dfrac{(1+k_1)(1+k_2)}{k_1 k_2} & 0 & 0 \\ 0 & -\dfrac{(1+k_1+k_2)(1+k_3)}{k_1 k_2} & (1+k_3) & -1 \end{bmatrix} \begin{bmatrix} T_e \\ T_A \\ T_B \\ T_o \end{bmatrix} \quad (6.1.5)$$

在 EVT2 模式下，有

$$\begin{bmatrix} -\dfrac{J_e}{i_q} & \dfrac{(1+k_2)}{k_1}J_A & -(1+k_2)J_B \\ 0 & \dfrac{(1+k_1+k_2)}{k_1}J_A & -k_2 J_B \end{bmatrix} \begin{bmatrix} \dot{n}_e \\ \dot{n}_A \\ \dot{n}_B \end{bmatrix}$$

$$= \begin{bmatrix} -1 & \dfrac{(1+k_2)}{k_1} & -(1+k_2) & 0 \\ 0 & \dfrac{(1+k_1+k_2)}{k_1} & -k_2 & -1 \end{bmatrix} \begin{bmatrix} T_e \\ T_A \\ T_B \\ T_o \end{bmatrix} \quad (6.1.6)$$

忽略电机 A 和电机 B 的惯性对该系统的影响，简单来说就是动态模型。因此，耦合机构的机电复合驱动系统动力学模型可以简化如下：

$$\dot{n}_e = \begin{bmatrix} \dfrac{i_q}{J_e} & \dfrac{(1+k_1)(1+k_2)}{k_1 k_2}\dfrac{i_q}{J_e} & 0 \end{bmatrix} \begin{bmatrix} T_e \\ T_A \\ T_B \end{bmatrix} \quad (6.1.7)$$

$$\dot{n}_e = \begin{bmatrix} \dfrac{i_q}{J_e} & \dfrac{(1+k_2)}{k_1}\dfrac{i_q}{J_e} & \dfrac{(1+k_2)i_q}{J_e} \end{bmatrix} \begin{bmatrix} T_e \\ T_A \\ T_B \end{bmatrix} \quad (6.1.8)$$

式中：J_e、J_A 和 J_B 分别为发动机、电机 A 和电机 B 的转动惯量。

动力耦合机构的输入转速和转矩以及输出转速、转矩与发动机转矩、转速、车轮转矩、转速的关系如下：

$$T_w = i_2 T_o \quad (6.1.9)$$

$$T_i = i_1 T_e \quad (6.1.10)$$

$$n_e = i_1 n_i \quad (6.1.11)$$

$$V = \dfrac{30 r n_o}{\pi i_2} \quad (6.1.12)$$

上述式中：V 为车辆车速；r 为车轮半径；n_i、n_o 分别为耦合机构输入转速和输出转速；T_i、T_o、T_A、T_B 分别为耦合机构输入转矩和耦合机构输出转矩、电机 A 转矩、电机 B 转矩；n_e、T_e 为发动机转速和转速；T_w 为车轮上的转矩；i_1 为前传动机构传动比；i_2 为后传动机构传动比。

第6章 混联混合动力系统能量优化控制

为了保证双模混联式混合动力车辆稳定高效的运行以及传动系统的输出转速连续变化，需要选择合适的系统 EVT 模式。本节中系统 EVT 模式切换规则依据车辆的经济性以及各部件转速状态而制定，选取车速与驾驶员加速踏板位置两个参数为模式切换规则的输入量。通过对比不同车速与不同加速踏板位置下两种 EVT 模式的经济性，选择较为经济的 EVT 模式，同时为了减少由于车速波动而造成过于频繁的模式切换，在升挡（从 EVT1 切换到 EVT2）与降挡（从 EVT2 切换到 EVT1）之间设置了一定的车速延迟，通过拟合得到以下模式切换点车速：

$$v_{12} = f_{\alpha 1}(\alpha) = 35 + 8\tilde{\alpha} \quad (\text{km/h}) \tag{6.1.13}$$

$$v_{21} = f_{\alpha 2}(\alpha) = 32 + 8\tilde{\alpha} \quad (\text{km/h}) \tag{6.1.14}$$

式中：v_{12} 为升挡车速；v_{21} 为降挡车速；$\tilde{\alpha}$ 为加速踏板位置。

依据式（6.1.13）和式（6.1.14）制定系统 EVT 模式换挡规则，如图 6.1.4 所示。

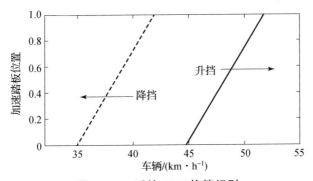

图 6.1.4　系统 EVT 换挡规则

系统 EVT 模式切换流程如图 6.1.5 所示。车辆行驶过程中，由模式切换控制模块依据模式切换策略在每一时刻判断是否需要进行模式切换。如果不需要，则保持该模式继续行驶；如果需要进行升挡操作，将 EVT1 模式切换至 EVT2 模式，则首先根据当前发动机转速和车速计算出离合器两端速差，再给出使离合器两端速差为 0 的发动机目标转速，直至离合器两端速差小于某一预定值，这时接合离合器，分离制动器，系统进入 EVT2 模式；如果需要降挡操作，将 EVT2 模式切换至 EVT1 模式，则首先根据当前发动机转速和车速计算出制动器两端速差，再给出使制动器两端速差为 0 的发动机目标转速，直至制动器两端速差小于某一预定值，这时接合制动器，分离离合器，系统进入 EVT1 模式。

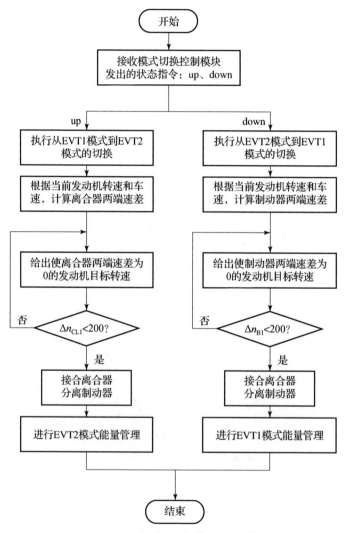

图 6.1.5　系统 EVT 模式切换流程

6.2　混联混合动力系统能量优化控制现存问题及描述

EMS 是混联式混合动力车辆的核心技术，直接决定了整车的行驶性能。

EMS不仅仅要实现整车最佳的燃油经济性，同时还要兼顾发动机排放、动力蓄电池组寿命、驾驶性能、各部件可靠性及整车成本等多方面要求[62-64]，并且针对混联混合动力车辆各部件的特性和车辆的运行工况，使发动机、电机、蓄动力电池组和传动系统实现最佳匹配，兼顾上述各方面要求的优化控制策略是当前乃至今后的研究重点以及研究难题。

目前，混联式混合动力车辆的控制策略主要可分为基于规则的控制策略[65-66]，基于瞬时优化的控制策略和基于全局优化的控制策略。针对上面提到的混联式混合动力系统存在的问题，下面总结了混联式混合动力车辆能量管理策略研究的一些未来趋势。

1. 优化性和实时性

全局优化主要是用于仿真和作为参照，其优化需获得预先已知车辆循环工况信息，很难在车辆实际行驶中得到运用，所以唯有实时优化能够真正在未来的混合动力车辆上得到广泛的实际运用。但是，混合动力车辆的整车综合控制器，除了要实时计算出 EMS 以外，还需要完成诸多其他任务。例如，状态监控、信号采集、CAN 通信、故障诊断等，这就决定了制定 EMS 不能占用太多 CPU 工作量，否则策略实时性就无法得到保证[67]。同时，为了使系统的性能达到最优，需要采用优化算法对目标成本函数进行实时求解以得到最优控制，这就需求很大的计算量。所以说，优化性和实时性是相悖的两个性能指标，需要得到平衡，以使控制策略在能够实时运行的前提下，使车辆达到最优的性能[68]。

2. 自适应性

在车辆实际运行中，不可能按照特定的循环工况行驶，实际行驶环境中以工况为代表的扰动就会对车辆正常行驶产生干扰。因此，控制策略需要考虑到随机性因素的影响，能够适应于不同工况，才能使 EMS 在实际应用中让混合动力车辆的性能得到最好的发挥。

3. 车辆行驶前瞻性

过去对于混合动力车辆 EMS 实时优化的研究，多侧重于车辆自身控制的优化，很少将车辆未来可能的行驶情况考虑进来[69]。但是，设想人类驾驶车辆，总是在每一时刻预估未来短时间内的车辆行驶状况，从而做出当下的控制决定，绝不会仅仅像 PID 一样只对当下的行驶情况刺激做出反应[70-73]。同理，EMS 也应具有车辆行驶情况的前瞻性，从而做出更优的决策。近年来，越来越多的研究开始考虑车辆未来行驶情况，并据此做出优化的控制策略。

随着混联混合动力车辆控制技术的不断发展，在优化性、实时性、前瞻性自适应控制等方面的研究已取得很多研究成果，但是针对研究成果的实际工程应用依然存在着如下有待解决的问题。

（1）基于全局优化的多动力源协同最优控制算法计算量大，难以在工程应用中用于实时控制，控制策略实时性有待提高[74]。

（2）MPC 采用多步预测、滚动优化和反馈校正的思路，得到了良好的实时控制效果，该方法在一定程度上依赖于对未来车速的有效预测[75]。

（3）以往对于混合动力车辆多动力源协同能量优化控制策略的研究，常常只考虑车辆自身的影响因素，很少考虑对车辆的燃油经济性和排放性同样有很大影响的工况信息、地形信息等因素[76]。因此，混合动力车辆多动力源协同控制策略对工况信息的前瞻性和自适应性较差。

（4）对于结构更为复杂的混联式混合动力车辆来说，除了提高燃油经济性之外，实现对电池的保护也是一个重要的目标。然而，改善一个方面的性能可能会牺牲另一个方面的性能。如何在多个优化目标之间进行权衡，仍然是能源管理策略设计的一个挑战。

6.3 解决方法

在没有任何行驶工况信息的情况下，如何利用车辆历史和当前数据合理精确地预测车辆未来车速，将很大程度上影响 EMS 的优化效果。本节利用 K-均值聚类算法在离线状态下将工况分为平稳工况和快变工况两类，并在在线阶段实时判断车辆当前所处工况类别。针对平稳工况，采用基于马尔可夫链的车速预测方法，针对快变工况，采用基于神经网络的车速预测方法，综合利用两种方法的优点以达到最优的预测效果。同时，将预测的车速代入动力学公式即可计算得到预测时域内的需求功率。为了更好地解决这些问题,有效利用混合动力车辆各个组件的特性,引进博弈论方法,将能量管理问题转变为非合作博弈问题,同时利用带有预测的需求功率信息对机电复合传动系统进行功率分配优化。

6.3.1 行驶工况判断

平稳工况与快变工况的主要差别在于工况内的速度的波动和加速度的大小,为了区别两种工况类型,需要依据工况内的特征参数将两种工况分类,表6.3.1为选取的工况特征参数。

表 6.3.1 工况特征参数

序号	特征参数
1	最大加速度
2	最大减速度
3	平均加速度
4	车速标准方差
5	最高车速与最低车速之差
6	加速度标准方差

采用K-均值聚类算法,通过计算样本间的亲疏程度来进行数据分类,最终筛选出具有较大特征相似性的同一类数据以及差异较大的不同类数据,具体工况判断步骤如下。

1) 离线阶段

(1) 组合多个标准循环工况构成样本。

(2) 在循环工况中的每一采样时刻计算过去10 s的工况特征参数,得到特征参数样本 $[x_{11}, x_{12}, \cdots, x_{1m}]$, $[x_{21}, x_{22}, \cdots, x_{2m}]$, $\cdots$, $[x_{n1}, x_{n2}, \cdots, x_{nm}]$,其中 m 为特征参数数目,n 为循环工况长度。

(3) 应用K-均值聚类算法,随机选取聚类中心 $c_1 = [c_{11}, c_{12}, \cdots, c_{1m}]$, $c_2 = [c_{21}, c_{22}, \cdots, c_{2m}]$,计算所有样本与聚类中心的距离,并将样本按照最近邻规则分组,归属不同 $\theta_m(k)$ 聚类域,其中 k 为迭代次数,再按照下式调整聚类中心:

$$c_m(k+1) = \frac{1}{n_m} \sum_{x \in \theta_m(k)} x, \quad i = 1, 2, \cdots, m$$

如果 $c_m(k+1) \neq c_m(k)$，则继续调整聚类中心，直至聚类中心的变化小于预测阈值，则认为分类稳定，最终得到平稳工况的聚类中心 c_1 和快变工况的聚类中心 c_2。

2）在线阶段

（1）车辆行驶过程中，在当前采样时刻计算过去 10 s 的工况特征参数值 $[x_1, x_2, \cdots, x_m]$。

（2）依据下式计算特征参数值 $[x_1, x_2, \cdots, x_m]$ 到两个聚类中心 c_1、c_2 的距离为

$$d_j = \sqrt{(x_1 - c_{j1})^2 + (x_2 - c_{j2})^2 + \cdots + (x_m - c_{jm})^2}$$

式中：$j = 1, 2$ 对应着两类工况。

（3）若 $d_1 \leq d_2$ 则判断当前时刻为平稳工况，若 $d_1 > d_2$ 则判断当前时刻为快变工况。

6.3.2 基于工况识别的车速预测

1. 稳定工况下的车速预测

假设车辆在每一时刻的加速度与历史信息无关，只由当前信息决定，则认为车辆的加速度变化是一种马尔可夫过程，此时即可使用马尔可夫链模型来模拟车速与加速度的变化规律，并在平稳工况下对未来车速进行预测。

根据不同的驾驶员踏板归一化行程 $\alpha \leq 0$，$0 < \alpha \leq 0.2$，$0.2 < \alpha \leq 0.4$，$0.4 < \alpha \leq 0.6$，$0.6 < \alpha \leq 0.8$，$0.8 < \alpha \leq 1$，建立 6 组相应的 1 阶马尔可夫链模型。每一组马尔可夫模型均由车速 v 和加速度构成离散的网格空间，定义车辆速度为当前状态量，将其划分为 m 个区间，由索引 $i \in \{1, 2, \cdots, m\}$，定义车辆加速度为下一时刻的输出量，将其划分为 n 个区间，由 $j \in \{1, 2, \cdots, n\}$ 索引。则每一组马尔可夫链模型的转移概率为

$$T_{ij} = P[a_{k+n+1} = a_j | v_{k+n} = v_i] \tag{6.3.1}$$

式中：T_{ij} 为当前时刻车速 $v_{k+n} = v_i$ 的情况下，车辆的加速度在下一时刻演变

至 a_j 的概率。

在初始状态下，选择典型平稳工况，根据下式计算得出马尔可夫链模型转移概率：

$$T_{ij} = \frac{N_{ij}}{\sum_{m=1}^{n} N_i} \qquad (6.3.2)$$

式中：N_{ij} 为当前时刻为 i 下一时刻为 j 出现的次数。

2. 变化工况下的车速预测

上面介绍的基于自适应马尔可夫链的预测方法在平稳工况下能够有效地预测车辆未来工况，其具有计算量小、结构简单的优点，但是其在变化工况下无法有效地学习驾驶员行为，致使其预测精度较差。本节提出引入广义回归神经网络理论，通过在线对驾驶员驾驶行为的学习，进行变化工况下的车辆未来工况预测。

由于实际情况的不确定性，驾驶信息的预测精度对混合动力车辆的整体性能有很大影响。与传统神经网络相比，广义回归神经网络具有很强的非线性映射能力，收敛速度非常快，可以处理不稳定的数据。在本节中，车辆速度数据被用来训练广义回归神经网络，以保证当前驾驶条件下的适应性和预测精度。广义回归神经网络的结构如图 6.3.1 所示，包括输入层、隐藏层、求和层和输出层。

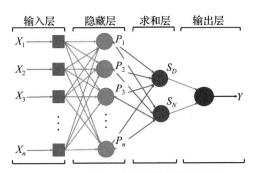

图 6.3.1　广义回归神经网络的结构

如图 6.3.1 所示，网络输入变量为 $X = (X_1, X_2, \cdots, X_n)$，其中 X_i 为节点 i 对应的学习样本。n 为样本数量，Y 为网络输出样本。i 节点的传递函数为

$$P_i = \exp\left[\frac{(X-X_i)^T(X-X_i)}{2\delta^2}\right], \quad i=1,2,\cdots,n \quad (6.3.3)$$

在隐藏层，每个节点对应一个训练样本，激活核函数是高斯函数。在求和层中，只有两种类型的节点。

一种是

$$S_D = \sum_{i=1}^{n} P_i \quad (6.3.4)$$

其中隐藏层中 S_D 和每个节点之间的连接权重为 1。

另一种是

$$S_{Nj} = \sum_{i=1}^{n} y_{ij} P_i, \quad j=1,2,\cdots,k \quad (6.3.5)$$

S_{Nj} 使用输出样本 Y_i 的每个元素 y_{ij} 作为连接权重，将隐层中相应节点的输出相加。最后，估计结果将由下式得到：

$$Y = S_N/S_D \quad (6.3.6)$$

本节的输入变量为从真实世界的驾驶周期中收集的历史速度序列，输出变量为短期内预测的未来速度序列。广义回归神经网络的预测结果如图 6.3.2 所示。

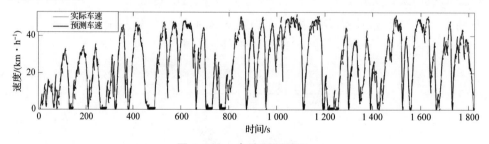

图 6.3.2 车速预测结果

6.3.3 在车速预测下基于博弈模型的能量优化控制

在工况识别下，可以预测未来一段时间内的车辆工况。基于博弈模型的能量管理策略是一种提高实时性和优化性的可行策略。博弈论是利用严谨的数学模型分析具有竞争或者对抗性质的决策主体行为发生相互作用时是否存在最为合理的行为决策及如何找到最优的行为决策的理论。博弈论的三要素包括参与者、行为集合和收益。参与者是一次博弈行为中的所有具有决策权的个体，在每次博弈中，参与者会应对其他参与者的行为而采取不同的方案，这样的行动方案称为策略，参与者采取的所有策略的集合称为行为集合。收益指参与者在博弈中的效益，与参与者的策略有关。

在本节搭建的机电复合传动系统能量管理体系中，发动机和电池作为非合作博弈的参与者，假设参与者只具有个体理性，以达到自身利益最大化的目的。由于在实际的优化环境中，发动机处于决策的主导地位，发动机先确定自身功率，电池根据发动机功率进行响应，基于此，本节将建立一个非合作的博弈模型。

发动机行为集合 U^1 为自身功率集合，可表示为

$$U^1 = [P_{e1}, P_{e2}, P_{e3}, \cdots, P_{en}] \qquad (6.3.7)$$

电池行为集合为自身的功率集合，可表示为

$$U^2 = [P_{b1}, P_{b2}, P_{b3}, \cdots, P_{bn}] \qquad (6.3.8)$$

在实际的工作环境中，发动机的行为集合与电池的行为集合应满足

$$P_{ei} + P_{bi} = P_{dem}^* \qquad (6.3.9)$$

1. 发动机

为了保证履带式车辆的燃油经济性，发动机侧的效益函数应当与发动机的瞬时燃油消耗率有关。将发动机的燃油消耗率通过插值表示为发动机转速和发动机功率的函数，根据已有的发动机数据，可得到发动机的瞬时燃油消耗率为

$$s = \left(p_{00} + \sum_{ij}^{5} p_{ij} n_e^i P_e^j \right) \qquad (6.3.10)$$

在发动机转速确定的情况下，瞬时燃油消耗率 s 在某一个功率下会取得当前转速下燃油消耗率最小值 $s_{\min}$。在实际的工作环境中，发动机一直处于燃油消耗率最小的状态基本不可能实现，因此在确定收益函数时，将发动机的工作区域为两部分。根据实际工作环境，设置燃油消耗率 $s \in [s_{\min}, s_{\min} + 3]$ 时，发动机工作在第一区域，将此时发动机侧的效益函数设置为发动机当前转速下发动机瞬时燃油消耗率最小值的相反数。设置燃油消耗率 $s > s_{\min} + 3$ 时，发动机工作在第二区域，将此时的发动机侧效益函数设置为发动机的实际瞬

时燃油消耗率的相反数。发动机侧的效益函数为

$$u_1 = \begin{cases} -s_{\min}(n_e), s(n_e) \leqslant s_{\min} + 3 \\ -\left(p_{00} + \sum_{ij}^{5} p_{ij} n_e^i P_e^j\right), s(n_e) > s_{\min} + 3 \end{cases} \quad (6.3.11)$$

式中：p_{00}、p_{ij} 为常数。

2. 电池组

履带式车辆在行驶过程需要尽可能的保证电池组的寿命，将电池侧的效用函数设置为衡量电池组寿命的函数，电池组寿命受电池组功率变化幅度影响较大，因此将电池组侧效用函数 u_2 设置为

$$u_2 = -(P_b - P_{\text{blast}})^2 \quad (6.3.12)$$

式中：P_{blast} 为上一时刻的电池功率。

在实际的博弈模型中，发动机和电池具有个体理性，博弈目标均是自身的效益函数最大，但同时发动机和电池的行为集合又受到某一约束，因此不能任意选择且在实际优化环境中发动机处于决策的主导部分。因此，该博弈模型的纳什求解的方法如下。

首先确定发动机功率，电池根据发动机功率确定最优电池功率。

（1）求解发动机侧的效用函数求最大值 $u_{1\max}$，并选取所有发动机侧效益函数最大值 $u_{1\max}$ 对应的发动机功率集合 P_{ei}^*。

（2）在满足发动机功率与电机功率约束条件下，已确定需求功率和发动机功率前提下得到电池功率。

（3）将得到的电池功率集合代入电池侧效用函数 u_2 得出多个效用函数的值，此时最大效用函数对应的电池功率以及相对应的发动机功率为优化解。

在整个求解过程中，应该满足以下约束条件：

$$\begin{cases} P_{e\min}(n_e) \leqslant P_e(n_e) \leqslant P_{e\min}(n_e) \\ P_{b\min} \leqslant P_b \leqslant P_{b\max} \\ n \geqslant 800 \end{cases} \quad (6.3.13)$$

6.3.4 在车速预测下基于模型预测控制的能量优化控制

6.3.3 节是使用博弈模型作为混联式混合动力车辆功率流优化的解决方法。本节介绍了一种使用模型预测控制方法的优化方法。模型预测控制方法能够提高能量管理的实时性。性能指标的确定对于混合动力车辆的能源管理问题是必要的。大多数策略只关注燃油经济性。事实上，只考虑一个指标会牺牲车辆的其他性能。因此，考虑到车辆效率、动力性能、部件寿命等诸多方面，车辆的多目标优化问题需要进一步研究。对于混合动力车辆，燃油经济性和电池寿命是影响车辆性能的重要因素。燃油经济性的评价标准是油耗。由于电流大小会导致电池自热并损害电池寿命，电池寿命的评价标准是电池电流值的平方。电池电流值的平方越低，电池寿命就越长。燃油消耗和电池电流的最小化可以明确表示为以下成本函数的最小化：

$$J = \int_{t_0}^{t_f} \dot{m}_f(t) + kI_{bat}^2(x(t), u(t), t) \mathrm{d}t \quad (6.3.14)$$

为了解决混合动力车辆的多目标能量管理问题，MPC 用来管理发动机、电池之间的能量流。上面已经介绍了预测模型。用 PMP 解决 MPC 预测范围内的滚动优化问题。根据 PMP，哈密尔顿方程为

$$\begin{aligned}&H(x(t), u(t), t)\\ &= \dot{m}_f(t) + kI_{bat}^2(x(t), u(t), t) + p_1(t)\dot{SOC}_{bat}(t) + p_2(t)\dot{V}_{uc}(t)\end{aligned}$$

$$(6.3.15)$$

式中：$p = [p_1 \quad p_2]$ 为协态变量。

根据 PMP 的必要条件，可以得到以下表达式：

$$\dot{x}^*(t) = \frac{\partial H(x(t), u^*(t), p(t), t)}{\partial p} \quad (6.3.16)$$

$$\dot{p}(t) = -\frac{\partial H(x(t), u^*(t), p(t), t)}{\partial x} \quad (6.3.17)$$

$$H(x(t), u^*(t), p(t), t) \leqslant H(x(t), u(t), p(t), t) \quad (6.3.18)$$

当协态变量被确定以后，最优控制变量才能被确定。协态变量的求解依赖于协态变量初值的确定。

Powell – Modified 算法，可用于处理非差分目标函数的非线性问题，是一

种共轭方向的搜索方法，利用了共轭方向可以提高收敛速度的特性。为了解决最优的两个共态变量，使用 Powell – Modified 算法来搜索目标函数的极端点。Powell – Modified 算法由坐标交替法和模式搜索法发展而来，坐标交替法是沿着每个坐标轴的方向依次找到最好的一个。模式搜索法则是在坐标交替法的基础上，考虑在搜索过程中寻找有利的方向，Powell – Modified 算法的基本原理是沿共轭方向搜索。根据共轭向量的特性，对于 n 个变量的二次正定函数，从任何初始点开始，沿共轭向量进行 n 次一维搜索后，都能收敛到最小点。Powell – Modified 算法流程如图 6.3.3 所示。

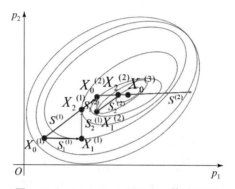

图 6.3.3　Powell – Modified 算法流程

6.4　结果与分析

为了验证上述提出的基于博弈的 EMS 的控制性能，在 MATLAB/Simulink 中建立机电复合传动车辆的仿真模型，采用实际工况数据和欧洲实行的车辆行驶油耗测试工况的试验法 ECE 工况作为驾驶工况。为方便区分，将实际工况数据称为工况 1，ECE 工况称为工况 2。工况图如图 6.4.1 所示。工况 1 中的车速变化很快，被用来验证所提出的控制策略的可行性。工况 2 由五个欧洲经济委员会的驾驶周期组成，具有较高的发动机启动频率，用来测试在频繁切换工作模式条件下的有效性。

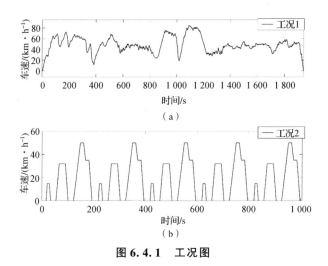

图 6.4.1 工况图

6.4.1 基于博弈论的能量优化控制结果分析

在工况1下的仿真结果如图6.4.2所示，主要包括速度跟随曲线、电池SOC变化曲线、发动机和电机的转矩变化图、发动机工作点分布图。

从图6.4.2可以看出，在工况1下，实际车速轨迹与目标车速轨迹基本一致，这说明采用博弈的功率流优化控制策略的机电复合传动车辆可以实现良好的车速跟随性能。电机A和电机B的转矩变化较大，这是因为提出的策略充分利用了发动机转速和车速的解耦特性。通过电机A和电机B的转矩变化，可以最大程度地补偿随行驶周期变化的速度，发动机可以工作在高效率区域，从而提高所研究的机电复合传动车辆的燃油经济性。最终结果等效燃油消耗处于较低水平，为 17.64 L/100 km，其结果见表6.4.1。总的来说，所提出的策略不仅能保证良好车速跟随性能，而且还能降低油耗。

本节提出基于博弈的优化策略的目标是同时提高燃油经济性和保护电池寿命。为了验证优化效果，对所研究的机电复合传动车辆使用了所提出的策略、基于规则的策略和只考虑燃油经济性的单目标优化策略分别进行了在工况2条件下的在线仿真工作。仿真结果如图6.4.3、图6.4.4和表6.4.1、表6.4.2所示。为方便起见，基于规则的策略，单目标优化策略以及本节提出的基于博弈的优化策略在下面分别表示为策略1、策略2和策略3。

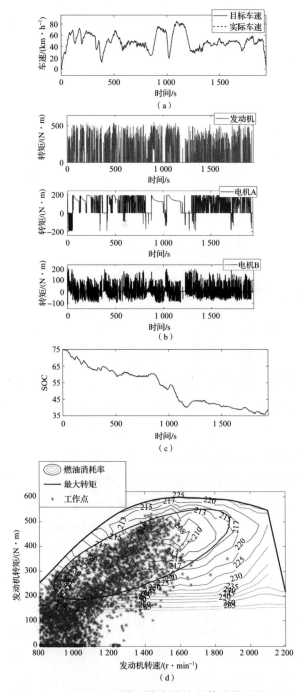

图 6.4.2 工况 1 下基于博弈的控制策略的仿真结果

(a) 速度跟随图;(b) 发动机,电机 A 和电机 B 转矩图;(c) 电池 SOC 曲线;(d) 发动机工作点

表 6.4.1 不同策略下的等效燃油消耗

工况	策略	等效燃油消耗/(L·100 km^{-1})
1	策略 1	20.60
	策略 3	17.64
2	策略 1	25.3
	策略 2	19.72
	策略 3	20.2

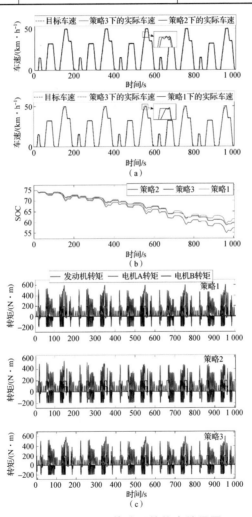

图 6.4.3 不同策略下的仿真结果图

(a) 车速跟随曲线；(b) 电池 SOC 曲线；(c) 发动机、电机 A 和电机 B 转矩图

表 6.4.2 工况 2 下的电池功率变化值

策略	电池功率变化值/kW
策略 2	86.69
策略 3	50.02

在使用博弈的多目标功率流优化控制策略中，发动机侧效益函数的存在使发动机获得了使燃油消耗率满足 $s \in [s_{\min}, s_{\min}+3]$ 的功率集。在获得发动机功率集和需求功率后，电池可以获得自己的功率集，然后从功率集中获得电池效益函数最大化的值。这个值被选为确定的最佳电池功率，并可以得到相应的最佳发动机功率。对于策略 1，发动机总是采取最大的发动机功率和当前速度下的车辆需求功率中较小的一个，只有当发动机不能单独提供所有的车辆需求功率时，电池才会进行补充。对于策略 2，发动机总是采取使其自身燃料消耗率最低的功率，而电池则补充需求功率，前提是发动机和电池的所有功率流优化过程都必须在满足其自身功率约束的前提下进行。

如图 6.4.3（c）所示，发动机工作点图中被红线包围的区域，是油耗较低的部分。从图 6.4.3 中可以看出，在工况 2 下，使用策略 3 的机电复合传动车辆比策略 1 有更好的速度跟随性能。与策略 1 相比，策略 3 也使发动机更倾向于在低油耗的区域工作。从 SOC 曲线可以看出，与策略 1 相比，策略 3 使用了更多的电能。为了更直观地显示策略 3 的优化效果，表 6.4.1 和表 6.4.2 显示了油耗结果和电池电量变化结果。可以知道，在不同的驾驶周期下，策略 3 的等效油耗结果分别为 17.64 L/100 km 和 20.72 L/100 km。与策略 1 相比，策略 3 在工况 1 和工况 2 下的等效油耗分别降低了 14% 和 16%。可以得出结论，多目标功率流优化控制策略比基于规则的策略具有更好的优化效果。这也说明本章提出的策略充分利用了机电复合车辆的特点，以油耗率为效益函数的发动机侧博弈模型也发挥了重要作用。

在工况 2 下，分析比较了策略 3 和仅考虑燃油经济性的策略 2 的仿真结果。从图 6.4.3、图 6.4.4 和表 6.4.2 可以看出，采用两种策略的发动机工作点的差异并不明显，但两种策略下影响电池寿命的电池功率变化却有很大不同。同时，从图 6.4.4 和表 6.4.2 可以清楚地知道，本章提出的策略的等效油耗略高于策略2，与策略2相比，本章提出的控制策略中影响电池寿命的电池功率变化降低了40%。可以得出结论，基于博弈多目标优化控制策略不仅提高了燃油经济性，还保护了电池寿命。这也表明，以发动机油耗率和电池寿命为博弈目标的博弈模型在所研究的机电复合传动车辆中充分发挥了作用。

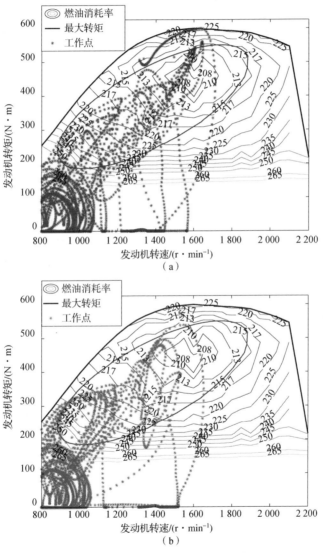

图 6.4.4　发动机工作点图（附彩插）

（a）策略1下的发动机工作点；（b）策略2下的发动机工作点

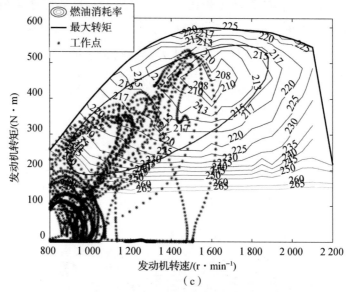

图 6.4.4　发动机工作点图（附彩插）（续）

（c）策略 3 下的发动机工作点

6.4.2　基于模型预测控制的能量优化控制结果分析

为了验证所提出的能量管理策略的有效性，我们构建了联合驾驶循环工况。图 6.4.5 所示的测试周期命名为工况 1 和工况 2，是采集真实世界的驾驶数据构建的工况。

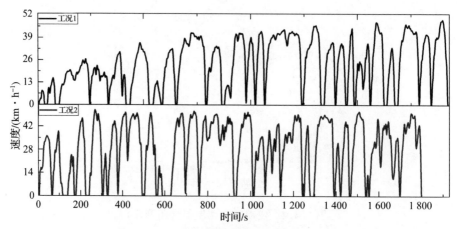

图 6.4.5　由真实数据构造出的驾驶工况

工况 1 和工况 2 下的仿真结果如图 6.4.6 所示。从图 6.4.6（a）可以看出，在工况 1 和 2 下，电池功率保持在一个较低的水平，这意味着电池电流

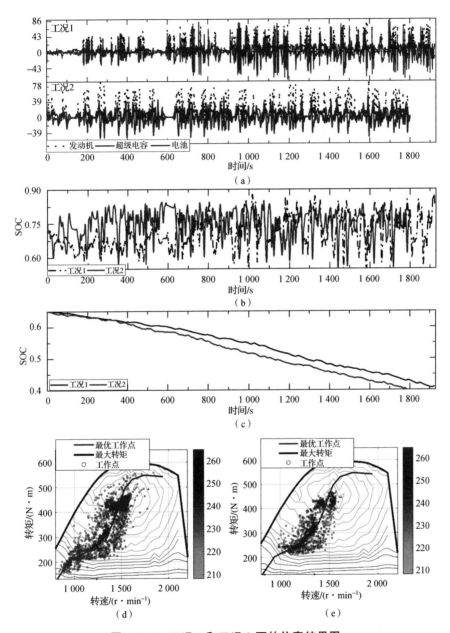

图 6.4.6　工况 1 和工况 2 下的仿真结果图
（a）工况 1 和工况 2 下的功率分配；（b）超级电容 SOC；（c）电池 SOC；（d）（e）发动机工作点

较低，得到了很好的保护。而超级电容的功率波动较大，充分利用了高功率密度的特点。发动机在车辆的峰值功率需求期间工作，同时，超级电容和电池提供备用功率。在开始时，超级电容的功率很高，这是由于超级电容为反拖发动机提供动力。如图 6.4.6（b）所示，超级电容 SOC 的变化在 0.55~0.85 的合理范围内，以保证有足够的空间提供动力输出和接收再生制动的能量。此外，电池的 SOC 在图 6.4.6（c）中达到了下限，这里设定为 0.4。这表明在整个工况中，电池的电能得到了很好的分配。如图 6.4.6（d）所示，通过电池和超级电容的补偿，发动机的工作点大多在最佳工作点附近。工况 1 下的部分工作点分布在高油耗率的区域。这可能是因为工况 1 的速度较低，导致发动机的功率相对较低。上述结果证明，所提出的策略是可行的，可以在不同工况下取得相当好的性能。

为了证明所提出的策略的优势，在工况 2 下对 5 个不同的策略进行了比较：①采用已知驾驶工况的离线 PMP 作为基准；②本研究中提出的策略；③将 MPC 与 DP 相结合，称为 DP – MPC 的策略；④基于规则的策略；⑤使用仅有电池的方法。

电池的 SOC 如图 6.4.7（a）所示。由于对全局循环的充分认识，使用离线 PMP 的 SOC 曲线是平滑的，而只用电池的 SOC 则波动很大。基于规则的电池 SOC 提前达到了下限。而本研究的策略和 DP – MPC 的电池 SOC 从 0.4~0.65 放电，这表明速度预测对能量管理有很大影响。所提策略的电池 SOC 曲线与离线 PMP 最匹配。如图 6.4.7（b）所示，离线 PMP 的超级电容 SOC 变化范围很大。与本研究的策略相比，DP – PMP 的超级电容 SOC 有更多的高峰值，基于规则的策略的超级电容 SOC 经历了一个很低的阶段。与其他策略相比，本研究的策略在超级电容 SOC 上显示出相当好的管理效果。在未来很长一段时间内需要峰值放电或充电功率的情况下，本研究的策略的超级电容 SOC 在 0.55~0.82 的合适范围内变化。图 6.4.7（c）所示的离线 PMP，对电池的低恒定功率放电，显示出了对电池的保护作用。提出的策略和 DP – MPC 的电池功率范围分别为 – 16.6~24 kW 和 17~24.5 kW。而且，电池放电率低于 2C，对电池的保护效果相对较好。基于规则的电池峰值功率高于这 3 种策略。而且电池充电和放电频繁，十分不利于电池的性能保护。

对于只用电池的策略，电池的功率为 -80.7~92.3 kW，比其他策略高很多。由于缺乏超级电容，电池经常提供峰值功率。结果证明，混合储能系统给混合动力车辆的性能带来了明显的改善。

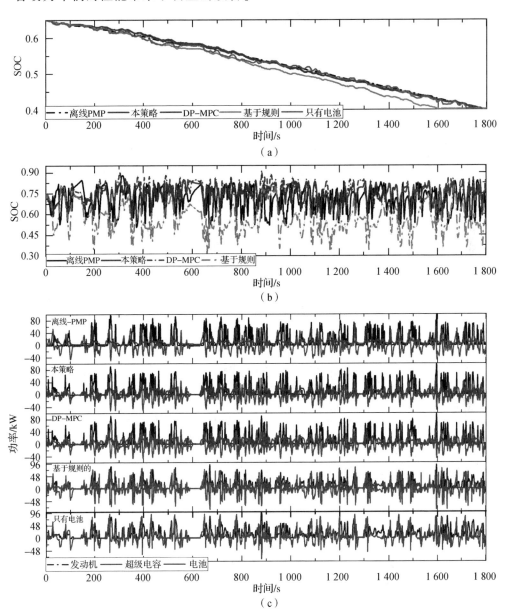

图 6.4.7 不同策略下的仿真结果图

（a）电池 SOC；（b）超级电容 SOC；（c）发动机、电池、超级电容功率

6.5 小　　结

　　本章分别提出了使用博弈模型的多目标功率流优化控制策略和使用 MPC 的多目标功率优化的公知策略。使用博弈模型的多目标功率流优化控制策略目的是提高燃油经济性的同时保护电池寿命。首先，使用马尔可夫链和神经网络进行建模，以获得预测的需求速度，计算需求功率表；然后，在已知预测需求功率的前提下，将发动机和电池视为非合作博弈模型中的自私者，以获得纳什均衡解；最后，本章考虑了两种控制策略作为对比策略。结果表明，与策略 1 相比，本章提出的策略可以减少约 15% 的等效油耗；与策略 2 相比，本章提出的策略实现了类似的燃油经济性，同时大大延长了电池寿命。本研究的未来发展将集中于博弈方法在发动机、电池、电机和超级电容中的应用，探索基于博弈的多目标优化机制在各种混合动力车辆中的应用前景。

　　使用 MPC 的多目标功率优化的公知策略，以提高燃油经济性和延长电池寿命为目的。①使用 GRNN 来预测未来的速度；②考虑到燃料消耗和电池电流的优化问题被描述为 MPC 预测范围内的滚动优化问题，该问题用 PMP 解决；③引入 Powell – Modified 算法来加速 PMP 的求解过程；④对提出的策略的有效性和优越性进行了验证。通过在不同周期下的验证，提出的策略被证明是可行的。与基于规则的策略相比，所提出的策略使电池电流的均方根和燃料消耗量分别减少了 18.5% 和 18.9%。与其他实时策略相比，该策略在电池均方根电流和燃料消耗方面的效益最高，这对混合动力车辆的实时应用具有潜力。

第 7 章
考虑混合动力系统热特性的能量优化控制

7.1 概　　述

混合动力系统在实际运行中存在复杂的能量场耦合特性，单一目标难以保障整车综合性能最优。例如，长期大功率依赖电驱动可能会导致电机电池温度过高，造成额外的经济损失以及整车性能下降。因此，需要研究混合动力系统机－电－热多场域三维耦合机理建模方法，探索整车热能分布场建模方法，完善系统动态建模的相应数学描述，并在此基础上提出了以整车燃油经济性为主，协同部件温度寿命等的多目标动态协同优化能量分配方法。

7.2 混合动力系统热特性现存问题及描述

动力电池作为混合动力系统上最脆弱的部件之一，其健康程度直接影响整车的性能[77]。在车辆行驶过程中，动力电池会经受不同的充电和放电循环过程，在有些情况下这些循环可能持续很短的时间。类似于此类车辆运行方式，会极大地加快电池容量的衰减，缩短电池寿命，从而提高车辆的使用成本[78]。并且，动力电池能否保证储存足量的电量和输出稳定的功率是影响消费者选择电驱动车辆的关键因素。因此，在混合动力系统能量优化控制问题中电池健康程度是值得考虑的重要方面。混合动力系统的电池容量衰减受很多因素的影响，其中，有一些主要的因素如电池热管理、驾驶工况、环境温度和地区气候等[79]。对于该问题，学者们提出了不同的提高电池使用寿命的方法。例如，为了延长电池的使用寿命，同时装备超级电容和电池，通过优化分配电流，利用超级电容来缓冲对电池过大的充放电流，从而保护动力电池[80]。Scott J. Moura 等学者建立了电池容量衰减的电化学机理模型，利用随机动态规划建立了多目标的能量优化分配问题，取得了令人满意的整车燃油经济性，并且延长了电池的寿命[81]。

以往的混合动力系统扭矩分配策略，仅仅考虑了整车的燃油经济性，没有考虑动力电池的寿命问题。针对混合动力车辆动力电池容量衰减过快，导致电池寿命与车辆的寿命不匹配的问题，并且受前人的研究启发，本章提出了考虑电池寿命的动力电池友好型混合动力车辆需求扭矩优化分配方法。首先，基于电池循环工况实验数据，提出合理的假设，对动力电池的寿命进行建模，从而将影响电池寿命的因素进行量化。其次，利用能量优化控制方法ECMS，在目标函数中加入电池寿命损耗代价，建立了多目标优化控制问题。最后，在 MATLAB/Simulink 环境下对整车模型进行仿真，同时保证车辆的电池 SOC 保持在 55% 附近。仿真结果表明，当考虑电池寿命代价时，整车油耗稍有增加，但是电池容量的衰减程度有了明显的减弱，实现了整车油耗和动力电池寿命的平衡。

此外，根据行驶工况的特点，能量优化控制协调电机和发动机以实现优异的整车性能。然而，电机在苛刻的工作条件下可能会出现热故障，如重负荷和长时间运行，导致关键部件失效，如包括电机导体、铁芯、绝缘体和轴承。据 IEEE 工业应用协会和电力研究所调查，30% 的电机故障与定子绕组绝缘失效有关[82]，由过载引起的热应力是绕组绝缘失效的主要原因。防止电机过热的方法可分为两类，即电机热管理和电机热保护。热管理通过增加散热，而热保护是通过限制发热来防止电机过热。电机热管理作为电机设计的一个关键方面，利用复杂的冷却系统来降低电机温度。通常，在电机设计阶段，结合有限元分析、计算流体动力学和集中参数热网络来开发设计冷却系统和电机的高保真模型[83]。通过对电机热动力学的精确模拟，计算电机的温度分布,并评估电机热管理是否能将电机部件的温度保持在安全范围内。电机热保护是电机控制系统的重要组成部分,它根据估计的定子绕组温度,通过限制过载时间和电流来防止电机过热。目前,定子绕组温度估计方法主要有直接测量法、基于热模型和基于电机参数的温度估计方法。一旦定子绕组温度达到极限温度,电机热保护策略限制所允许的最大电机扭矩,甚至通过热保护装置,如熔断丝和过载继电器,使电机停止工作[84]。然而,这种传统的电机热保护策略会影响混合动力车辆的燃油经济性和动态性能,因为电机可能无法提供足够的所需转矩。

目前,大多数研究没有考虑触发热保护对混合动力车辆燃油经济性和动态性能的影响。如何设计一种既能提高燃油经济性又能防止电机过热的 EMS 还属于空白。在此基础上,本章提出一种防止电机过热的新思路。混合动力控制单元综合考虑电机温度和燃油经济性,在发动机和电机之间分配扭矩,使电机温度保持在安全范围内,避免触发传统电机热保护策略。

7.3 解决方法

7.3.1 电池电热模型

电池是混合动力车辆中最容易损坏的部件之一,电池的寿命需要与车辆的寿命相匹配,所以将电池寿命考虑到整车的能量分配策略中是十分必要的。由于车辆的运行工况的变化,电池经常处于不同的工作状况。一般情况下,混合动力车辆的电池电量经常在一个适中的范围内处于电量保持状态。所以,在建立电池寿命模型时,不考虑电池 SOC 变化对电池寿命的影响。电池的温度和充放电倍率对电池容量的衰减有很严重的影响。混合动力车辆中电机提供的动力大小直接取决于电池的充放电倍率,其定义如下:

$$I_c = \frac{|I_{batt}|}{Q_{batt}} \left[\frac{1}{h}\right] \qquad (7.2.1)$$

式中:I_c 表为电池充放电倍率(1/h);I_{batt} 为电池充放电电流(A);Q_{batt} 为电池容量(A·h)。

本研究中建立的电池寿命模型为基于控制的半经验模型，利用该模型来测算电池容量的衰减。本节中定义归一化的电池容量衰减变量为

$$\begin{cases} Q_{\text{loss}}(p', C_{\text{Ah}}) = 100 \cdot \left(1 - \dfrac{Q_{batt}(p, C_{\text{Ah}})}{Q_{batt}(0)}\right)^{\frac{1}{2}} \\ p = [I_c, \theta] \end{cases} \quad (7.2.2)$$

式中：Q_{loss}为归一化的电池容量衰减量；p'为电池容量衰减影响因素因子；C_{Ah}为积累的电池安时吞吐量（A·h）；$Q_{batt}(p', \text{Ah})$为当前电池容量（A·h）；$Q_{batt}(0)$为电池的初始容量（A·h）；θ为电池工作温度（℃）。

本节定义电池容量衰减模型的表示形式为

$$Q_{\text{loss}}(p, C_{\text{Ah}}) = \sigma_f(p') \cdot (C_{\text{Ah}})^z \quad (7.2.3)$$

式中：$\sigma_f(p)$表示非线性的电池充放电剧烈因子函数；z为电池安·时吞吐量的指数。

电池充放电剧烈因子函数可以表示为

$$\sigma_f(p') = \alpha' \cdot \exp\left(\dfrac{-E_a + \eta \cdot I_c}{R_g \cdot (273.15 + \theta)}\right) \quad (7.2.4)$$

式中：α'为函数的系数，可视为常数；η表示该函数对电池充放电倍率的依存度；R_g为气体常数；E_a为电池材料的活化能，$E_a = 31\,500$ J/mol。

式（7.2.3）和式（7.2.4）联合定义了电池容量衰减模型，但是该模型中有很多未知的参量没有确定。为了获得模型中未知的参量，需要根据电池的充放电循环数据进行拟合标定。电池的充放电循环数据是电池厂家在实验室中不同的充放电倍率和温度条件下获得的，具有很高的可信度。在电池充放电循环试验中，首先以某一恒定的充电倍率给电池充电，当电池达到充电截止电压时，接着以某一放电倍率给电池放电，直到电池电压降到放电截至电压，该充放电过程为一个循环。当电池容量降低到某一设定的值时，充放电循环试验结束。根据获得的电池充放电循环试验数据，通过MATLAB中的曲线拟合工具箱，即可标定该电池寿命模型中的一些参数。随着电池安时吞吐量的增加，归一化的电池容量衰减曲线和试验数据如图7.3.1所示。

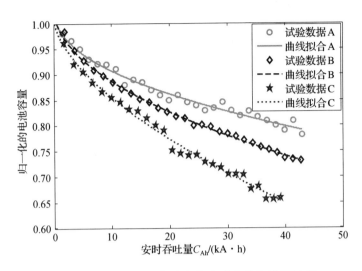

图 7.3.1 归一化的电池容量衰减曲线和试验数据

在 25 ℃ 的环境温度下,电池循环试验数据 A、B 和 C 的充放电倍率分别为 $I_{c,A}=1[1/h]$、$I_{c,B}=5[1/h]$ 和 $I_{c,C}=8[1/h]$。因为电池寿命模型中只有两个未知的参数,所以只需两组数据和曲线拟合即可算出未知参数。本研究中选择数据 A 和 B 进行拟合计算。根据式(7.2.2)和通过 MATLAB 获得的实验数据的拟合曲线解析式,电池寿命模型的拟合参数如表 7.3.1 所示。电池的寿命模型可以表示为

$$\begin{cases} Q_{\text{loss},1} = 0.04562 \cdot C_{Ah}0.5631 - 0.022 \\ Q_{\text{loss},2} = 0.06349 \cdot C_{Ah}0.4362 - 0.061 \end{cases} \quad (7.2.5)$$

表 7.3.1 电池寿命模型拟合参数值

数据拟合	z	σ_f	常数项
数据拟合 A	0.4362	0.06349	-0.061
数据拟合 B	0.5631	0.04562	-0.022

从式(7.2.5)可以看出,不同的试验条件下,电池的容量衰减模型参数略有不同,但是形式相同。本研究中将容量衰减模型的指数 z 取平均值,并且将常数项看作误差项。为了便于研究,忽略模型的误差项。因此,电池

容量衰减模型的形式可以表示为

$$Q_{\text{loss}} = \alpha \cdot \exp\left(\frac{-E_a + \eta \cdot I_c}{R_g \cdot (273.15 + \theta)}\right) \cdot C_{\text{Ah}}^{\bar{z}} \quad (7.2.6)$$

因为指数 z 被替换为平均值 $\bar{z}$，所以充放电剧烈因子 σ_f 的值应该根据电池充放电循环数据重新计算。根据电池充放电循环数据 A 和 B，重新进行拟合计算的电池容量衰减模型标定结果为

$$\begin{cases} Q_{\text{loss},1} = 0.0364 \cdot C_{\text{Ah}}^{0.4997} \\ Q_{\text{loss},2} = 0.0476 \cdot C_{\text{Ah}}^{0.4997} \end{cases} \quad (7.2.7)$$

利用试验数据重新拟合的电池容量衰减曲线如图 7.3.2 所示。

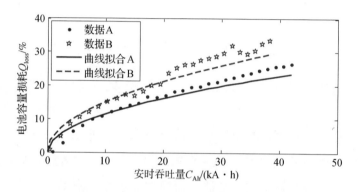

图 7.3.2　电池容量衰减曲线

利用式（7.2.3）、式（7.2.4）和式（7.2.7），通过求解线性方程组，可以得到电池容量衰减模型的参数：$\bar{z} = 0.4997$，$\eta = 32.648$，$\alpha = 77982$。最终，电池充放电剧烈因子函数为

$$\sigma_f(I_c, \theta) = 77982 \cdot \exp\left(\frac{-E_a + 32.648 \cdot I_c}{R_g \cdot (273.15 + \theta)}\right) \quad (7.2.8)$$

通过对单体电池的充放电循环实验数据进行分析，建立了电池寿命的半经验模型。在实际中，单体电池成组为电池组使用时，会因单体电池生产工艺产生不一致的问题，导致电池组无法达到理论的性能。国内外很多学者对电池一致性问题进行了深入的研究，并取得了很多研究成果。为了便于研究，假设单体电池无不一致的问题，即忽略电池组的一致性问题。

从本节建立的电池容量衰减模型可以看出，电池充放电剧烈因子函数 σ_f

描述了在不同的充放电倍率 I_c 和温度 θ 下电池容量衰减的剧烈程度。本节给出一个电池充放电剧烈因子 MAP – σ_{map} 的定义式[81]，即

$$\sigma_{\mathrm{map}}(I_c,\theta) = \frac{\Gamma(I_{c,\mathrm{nom}},\theta_{\mathrm{nom}})}{\gamma(I_c,\theta)} = \frac{\int_0^{\mathrm{EOL}}|I_{\mathrm{nom}}(t)|\mathrm{d}t}{\int_0^{\mathrm{EOL}}|I(t)|\mathrm{d}t} \quad (7.2.9)$$

式中：$\gamma(I_c,\theta)$ 为在给定工作条件下，到寿命结束时电池总的安时吞吐量；$\Gamma(I_{c,\mathrm{nom}},\theta_{\mathrm{nom}})$ 为在标准工作条件下，到寿命结束时电池总的安时吞吐量；$I_{c,\mathrm{nom}}$ 是在标准工作条件下，电池充放电倍率；θ_{nom} 为在标准工作条件下，电池工作温度（℃）；EOL 为电池寿命结束时（End – of – Life）。

根据式（7.2.9）可以看出，σ_{map} 为标准工作条件下电池寿命结束时的安时吞吐量与给定工作条件下电池寿命结束时的安时吞吐量。其数值大于 0，并且根据工作条件的不同而不同。当 $\sigma_{\mathrm{map}} > 1$ 时，表示电池的工作条件较为恶劣，如温度过高或充放电倍率过大，会加速电池容量的衰减；当 $\sigma_{\mathrm{map}} < 1$ 时，表示电池的工作条件比较温和，有利于延长电池使用寿命。所以，电池充放电剧烈因子 MAP – σ_{map} 描述了在不同的工作条件下电池的相对老化程度。值得注意的是，尽管 σ_{map} 和 $\sigma_{\mathrm{f}}(\cdot)$ 有一定的联系，但是两者不完全相同。

这里定义电池的标准工作条件为 $I_{c,\mathrm{nom}} = 1[1/h]$ 和 $\theta_{\mathrm{nom}} = 25$ ℃。同时，定义在标准工作条件下，当电池容量损失 20% 时，电池寿命结束。根据式（7.2.3）可以得到

$$0.2 = \sigma_{\mathrm{f}}(I_{c,\mathrm{nom}},\theta_{\mathrm{nom}}) \cdot \Gamma^{\bar{z}} \quad (7.2.10)$$

由于 σ_{f} 可以根据式（7.2.8）计算得到，由式（7.2.9）进行变化可以得到在标准工作条件下的最大的电池寿命，此处将寿命表示为电池总的安时吞吐量 Γ，即

$$\Gamma = \left[\frac{0.2}{\sigma_{\mathrm{f}}(I_{c,\mathrm{nom}},\theta_{\mathrm{nom}})}\right]^{\frac{1}{\bar{z}}} \quad (7.2.11)$$

经计算 $\Gamma = 30.3288$ kA·h。在某一给定的非标准工作条件下，电池寿命结束时总的安时吞吐量定义为 G_b。根据式（7.2.10），G_b 可以表示为

$$G_b = \left[\frac{0.2}{\sigma_{\mathrm{f}}(I_c,\theta)}\right]^{\frac{1}{\bar{z}}} \quad (7.2.12)$$

最后，根据式（7.2.9），电池充放电剧烈因子 MAP $-\sigma_{\text{map}}$ 可以由 Γ 和 G_b 的比值得到。在不同工作条件下，电池充放电剧烈因子 MAP 如图 7.3.3 所示。在实际应用时，通过当前电池工作温度和充放电倍率，即可查表得到电池充放电剧烈因子。

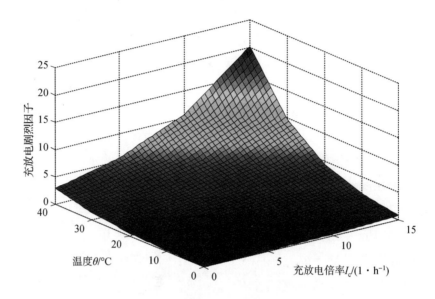

图 7.3.3　电池充放电剧烈因子 MAP

7.3.2　电机电热模型

本节中，EMS 考虑燃油经济性和电机温度，分配发动机和电机扭矩，使电机温度在一个安全范围内，而不触发传统的电机热保护。因此，有必要建立电机温升预测模型，在预测区间对各步的温升进行预测。建立电机热模型的方法，如有限元分析，可以准确地计算出电机的温度分布，但由于计算量大，难以实时应用。因此，模型的建立应该在精度和计算量之间进行权衡。

电机定子和转子绕组的稳态和瞬态热响应取决于电机热网络的细节。电机设计者通常使用相当详细的热网络模型，包括定子铁芯、转子铁芯、定子导体、转子导体、内部空气、外部空气以及电机外壳等。热网络模型的细节取决于电机的通风结构。例如，模型中包括每个电路元件的蓄热以及各电路元件之间的对流或导电传热。为了全面分析和检测边界的正常运行，电机设计者着手于最详细的模型，包括电气、机械、热和化学成分。电机设计者所使用的典型电机热网络模型可能有20个节点和20个支路，从而产生具有多个时间常数的动态响应。因此，一旦完成电机设计，热网络模型就可用了。基本信息包括电机的稳态热额定值、冷却时间常数等。对于大中型电机设计，提供了完整的允许时间随电流变化的热损伤曲线[85]。换句话说，制造商的热损伤曲线代表了一个完整的电机模型的仿真结果，包含一个多节点热网络模型。本课题建立基于热损伤曲线的热网络模型，假设电机为理想均质体，电机复杂的结构可以用热损伤曲线来表示。我们关心的不是整个电机系统的温度分布而是电机内部定子绕组节点的温度。

受电流加热的静态均质物体（电机）的热力学行为可以用一个单一的时间常数热方程来描述[86]，即

$$C \cdot \frac{\mathrm{d}\tau'}{\mathrm{d}t} = I'^2 \tilde{r} - H \cdot \tau \quad (7.2.13)$$

式中：C 为电机比热容；τ' 为电机温升；I' 为电机电流；$\tilde{r}$ 为电机等效内阻；H 为电机散热系数。

通过单位温升和单位电流可以将式（7.2.13）改写为

$$\delta \frac{\mathrm{d}\tau}{\mathrm{d}t} = I^2 \frac{I_{\mathrm{rated}}^2 \cdot \tilde{r}}{H \cdot \tau_{\max}} - \tau \quad (7.2.14)$$

式中：$\delta = C/H$；$\tau = \tau'/\tau_{\max}$ 为单位电机温升；$I = I'/I_{\mathrm{rated}}$ 为单位电机电流；I_{rated} 为电机额定电流；$\tau_{\max}$ 为电机允许最大温升。

电机允许最大温升与电机额定电流对应，则有生热量等于散热量，即

$$I_{\mathrm{rated}}^2 \cdot \tilde{r} = H \cdot \tau_{\max} \quad (7.2.15)$$

在这种情况下，式（7.2.14）可以改写为

$$\delta \frac{\mathrm{d}\tau}{\mathrm{d}t} = I^2 - \tau \quad (7.2.16)$$

式（7.2.14）可用于分析单一时间常数模型对稳态过载的热响应。式（7.2.16）表明，对于稳态过载，从一个冷初始条件出发，温度轨迹为

$$\tau = I^2(1 - \mathrm{e}^{-t/\delta}) \quad (7.2.17)$$

温升达到电机热极限所需的时间可通过式（7.2.17）计算，即 $\tau(t) = 1$ 时得到

$$t_{\max}(I) = \delta \cdot \ln\left(\frac{I^2}{I^2 - 1}\right) \quad (7.2.18)$$

式中：$t_{\max}(I)$ 为负载电流为 I 下电机温度达到热极限的时间。

基于热损伤曲线，根据负载电流便可知 δ，结合式（7.2.16）可知温升，此时得到电机温升模型。

7.3.3 考虑电池寿命的能量优化控制方法

在混合动力公交客车的实际行驶中，为了保证出勤率，车辆无法避免在电量保持情况下运行。此时，驾驶工况决定了发动机和电机的输出功率和运行状况。在电量维持情况下，电池的充放电倍率是影响电池寿命很重要的因素。不同于以往的混合动力车辆 EMS 研究，本课题提出的 EMS 不仅考虑车辆的燃油经济性，而且包括了电池容量衰减的代价。为了实现混合动力公交客车的燃油经济性和电池寿命的平衡，本课题中提出了一种多目标实时优化 EMS。

该多目标的优化策略目标函数的定义式可以表示为

$$J = \int_0^{t_f} (1 - \varepsilon) \cdot \dot{m}_f(u(t), P_{\text{req}}(t)) + \varepsilon \cdot c_a \cdot \frac{1}{\Gamma} \sigma(I_c(u(t)), \theta) \cdot |I_c(u(t))| \, \mathrm{d}t$$

(7.3.1)

式中：$\dot{m}_f$ 为燃油消耗率（g/s）；$u(t)$ 为控制变量，此处为电池的功率；$P_{\text{req}}(t)$ 为车辆需求的总功率；c_a 为电池容量衰减的代价转换因子，为了统一量纲，和燃油消耗作比较；ε 为调节燃油经济性和电池寿命的权重系数，$\varepsilon \in [0,1]$。

为了使该目标函数易于理解，燃油消耗和电池的容量损耗代价都转换为经费花销。因此，电池容量衰减的代价转换因子 c_a 可以理解为：更换动力电池的花销与 1 kg 燃油价钱的比值。发动机和电池之间的功率分配用该优化问题的控制变量 $u(t)$ 表示。

在给定整车需求功率的情况下，该控制变量 $u(t)$ 决定了电池电流的大

小。所以，从实际物理意义上来讲，此处决定功率分配的变量为电池的功率。本节中，整车需求功率 $P_{\text{req}}(t)$ 为一外部输入的瞬时变量，其由车辆的驾驶工况决定。所以，在已知驾驶工况的条件下，该变量已知。

本节应用 PMP 来解决上述所提出的能量管理问题。在每步优化求解最优控制变量 $u^*(t)$ 的过程中，定义哈密顿函数为

$$H(u, \text{SOC}, P_{\text{req}}, \theta, \lambda_{\text{SOC}}) =$$
$$(1-\varepsilon) \cdot \dot{m}_{\text{f}}(u, P_{\text{req}}) + \varepsilon \cdot c_{\text{a}} \frac{1}{\Gamma} \sigma(I, \theta) \cdot |I(u)| + \lambda_{\text{SOC}}(t) \cdot \dot{\text{SOC}}(u, \text{SOC})$$
(7.3.2)

式中：$\lambda_{\text{SOC}}(t)$ 为协状态变量，它的微分计算公式为

$$\dot{\lambda}_{\text{SOC}}(t) = -\frac{\partial H}{\partial \text{SOC}} = -\lambda_{\text{SOC}}(t) \frac{\partial \dot{\text{SOC}}(u, \text{SOC})}{\partial \text{SOC}} \quad (7.3.3)$$

在该 EMS 中，希望电池的 SOC 处于保持状态。在车辆行驶过程中，动力电池的 SOC 的变化为

$$\text{SOC}(t) = \text{SOC}(0) - \frac{1}{Q_{\text{batt}}} \int_0^t I(u) \, \mathrm{d}\tau \quad (7.3.4)$$

在该策略的优化问题在求解的过程中，令 $\text{SOC}(0) = \text{SOC}(t_f)$，即初始 SOC 与最终 SOC 相等。因此，在每步优化计算过程中，每步的最优控制输入变量利用式（7.3.5）计算得到。另外，由于该策略的优化为单步优化，为局部优化策略，所以具有实时应用的潜力，即

$$u^* = \arg\min H(u, \text{SOC}, P_{\text{req}}, \theta, \lambda_{\text{SOC}}) \quad (7.3.5)$$

7.3.4 考虑电机温度的能量优化控制方法

由于电机过热会触发电机热保护，会影响整车性能，这里提出了一种追求最优燃油经济性和防止电机过热的多目标 EMS。该策略具备将电机温度限制在正常范围内的能力，并防止电机触发传统的热保护策略，而不会过度影响燃油经济性，所提出的策略框架如图 7.3.4 所示。利用二维马尔可夫链预测未来不确定性驾驶员行为，在 MPC 框架下提出滚动博弈优化算法求解滚动优化问题。同时，在滚动优化中设计了一个修正的成本函数[87]。

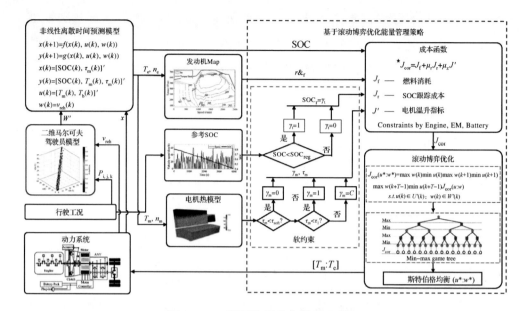

图 7.3.4 预测能量优化控制示意图

预测模型如下：

$$\begin{cases} SOC(k+1) = SOC(k) + \dfrac{V_{oc} - \sqrt{V_{oc}^2 - 4R_b P_b}}{2Q_b R_b} \\ \tau(k+1) = \dfrac{\delta-1}{\delta}\tau(k) + \dfrac{1}{\delta}I^2(k) \end{cases} \quad (7.3.6)$$

成本函数为

$$J = \sum_{k=1}^{N}\left[\dot{m}_f(u(k),w(k)) + \mu_\tau \cdot \gamma_\tau \cdot (\tau(k) - \tau_{soft})^2\right] + \mu_r \cdot (SOC_{ref}(N) - SOC(N))^2 \quad (7.3.7)$$

对于上述能量管理问题，必须调整控制变量 u 以达到最优性能，同时保护自己免受环境扰动 w 的潜在不利影响。这里的环境因素是指驾驶条件的不确定性或驾驶员行为的随机性。在 MPC 的滚动优化过程中，采用最大最小博弈来寻找使性能指标 J 最优的决策，同时考虑不可控的扰动 w 的影响，所有可能的 w 值同等对待。

首先，在 MPC 的框架，构造滚动最大最小博弈模型。博弈的三个要素分别是参与者、策略集和收益。在这个框架中，EMS 和环境（未来的驾驶条件，这里是车辆的速度)作为游戏的两个参与者。第一个参与者 EMS 的收益是通过在每一步从策略集 U 中选择一个决策 u 来最小化成本函数 J。实际上，环境作为一个"虚拟的"参与者，是无意识的和无针对性的。因此，不同的驾驶条件下，EMS 处理最坏情况下的驾驶场景，并生成一个鲁棒反应 u^*。假设第二个参与者环境的效益为使成本函数 J 最大化，每一步从策略集 W 中挑选 w。在给定的预测时域内，基于滚动最小最大博弈的博弈过程可以描述为

$$\begin{cases} (u^*,w^*) = \arg\max_{w(k)}\min_{u(k)}\max_{w(k+1)}\min_{u(k+1)}\cdots\max_{w(k+N-1)}\min_{u(k+N-1)} J(u,w) \\ \text{s.t. } G(x,u,w) \leq 0, u \in U, w \in W \end{cases} \quad (7.3.8)$$

7.4 结果与分析

7.4.1 考虑电池寿命的能量优化控制结果分析

该策略仿真所使用的工况依然为该固定公交线路上的典型公交工况，其在时域为速度-时间曲线，如图 7.4.1 所示。下面将分为不考虑电池寿命和考虑电池寿命两种情况来进行仿真对比研究。

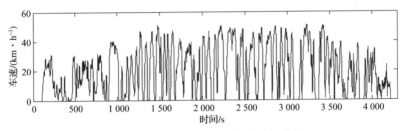

图 7.4.1 典型公交工况速度时间曲线

当调节燃油经济性和电池寿命的权重系数 $\varepsilon = 0$ 时，意味着该策略没有考虑电池容量衰减的代价，该策略即为保持型 ECMS。与该策略对比的为逻辑门限策略，它们的仿真结果分别如图 7.4.2 和图 7.4.3 所示。图 7.4.2 和图 7.4.3 都包括驾驶工况车速-时间曲线、整车需求扭矩曲线、发动机输出扭矩曲线、油耗（Fuel Consumption, FC）曲线、电机输出扭矩曲线和电池 SOC 变化轨迹曲线。

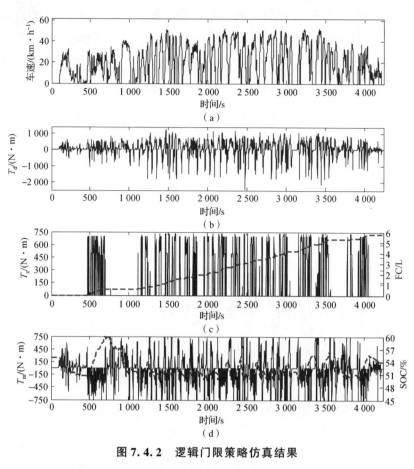

图 7.4.2 逻辑门限策略仿真结果

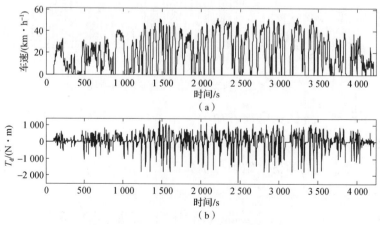

图 7.4.3 实时优化的 EMS 仿真结果

第7章 考虑混合动力系统热特性的能量优化控制

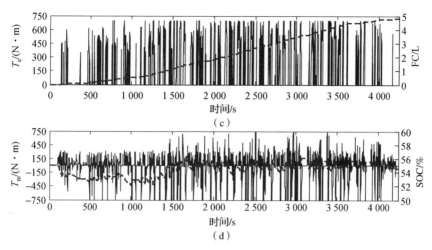

图 7.4.3 实时优化的 EMS 仿真结果（续）

两种策略的仿真结果数据对比如表 7.4.1 所示。由表 7.4.1 可以看出，逻辑门限策略和实时优化策略在保持动力电池 SOC 的性能上相差不大，但是实时优化的 EMS 的燃油经济性明显优于逻辑门限策略。所以，本节提出的电量保持型的实时优化策略具有令人满意的控制效果。

表 7.4.1 仿真结果数据对比

控制策略	初始 SOC/%	最终 SOC/%	FC/L	FC/(L·100 km^{-1})	改善量/%
逻辑门限	55.00	53.97	5.75	23.73	16.73
实时优化	55.00	54.57	4.78	19.76	

当调节燃油经济性和电池寿命的权重系数 $\varepsilon \neq 0$ 时，意味着该策略考虑了电池容量衰减的代价。本课题研究中，令 $\varepsilon = 0.3$ 即为考虑电池寿命的电量保持型实时优化策略。如前所述，在电量保持型混合动力车辆 EMS 中，电池容量衰减速率取决于温度和电池充放电倍率。电池温度视为外界环境因素，并且，在实际中该信号可以通过整车的 CAN 信号获得。但是，为了方便研究，本节在仿真过程中将电池的温度设定为固定值，并且不影响验证该策略在提高电池寿命方面的有效性。为了验证本节所提出的 EMS 在减缓电池容量衰减方面的有效性，将没有考虑电池寿命的策略和考虑电池寿命的策略

仿真结果做了对比。仿真中的温度设置为 25 ℃，电池容量衰减曲线如图 7.4.4 所示。

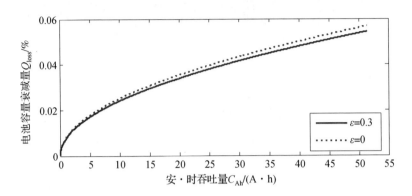

图 7.4.4　不同权重系数下电池容量衰减曲线

从图 7.4.4 中可以看出，$\varepsilon = 0.3$ 情况下的电池容量衰减速度明显比 $\varepsilon = 0$ 情况下的电池容量衰减速度慢，即考虑电池寿命的 EMS 对降低电池容量衰减速度、延长电池寿命有明显的效果。考虑电池寿命后，整车油耗提高了 11.08%，为 21.95 L/100 km，但是依然比逻辑门限策略控制下的整车油耗低，并且在很大程度上减缓了电池容量衰减。

结合电池充放电剧烈因子 MAP，在该公交线路的实际工况仿真中，电池充放电剧烈因子分布点如图 7.4.5 所示。值得一提的是，电池充放电因子 MAP 图可以类比发动机的比油耗 MAP 图，所以图 7.4.5 可以称为电池的工作点图。图 7.4.5（a）为不考虑电池寿命情况下电池工作点图，图 7.4.5（b）为考虑电池寿命情况下电池工作点图。可以看出，与图 7.4.5（a）相比，图 7.4.5（b）中分布在较高的充放电剧烈因子区域的工作点明显较少。根据前面建立的电池寿命模型的原理，即可得知这是电池容量衰减变慢的根本原因。

为了显示温度这一因素对电池寿命的影响，在同一个仿真工况下，分别将温度设置为 20 ℃ 和 30 ℃，电池容量衰减曲线如图 7.4.6 所示。从图 7.4.6 中可以看出，温度对电池的容量衰减有很大的影响。所以，关于电池热管理方面的课题非常值得相关学者进行研究。

第7章 考虑混合动力系统热特性的能量优化控制

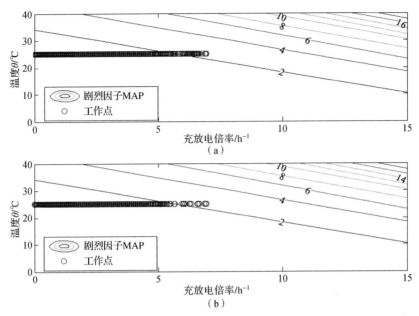

图 7.4.5 实际公交工况下，温度为 25 ℃时电池工作点对比图

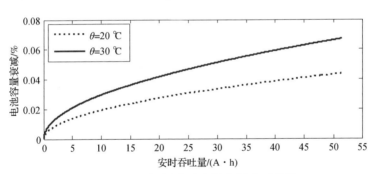

图 7.4.6 不同温度下电池容量衰减曲线

7.4.2 考虑电机温度的能量优化控制结果分析

为了验证所提策略在避免传统电机热保护触发方面的有效性，分别采用传统电机热保护策略、不考虑电机热保护策略和所提策略三种控制策略进行比较。考虑到工作环境，电机初始温度设置为 50 ℃，最大允许温度设置为 85 ℃，即当电机温度达到 85 ℃时触发传统电机热保护策略。电机温度软阈值设置为 80 ℃。对于传统的电机热保护策略，当电机温度达到极限温度时，电机允许的最大转矩降至 $T_{mmax}/2$。直到电机温度下降到 80 ℃，允

许的电机最大扭矩将返回正常值。中国典型城市行驶工况下的电机温度曲线如图7.4.7所示。

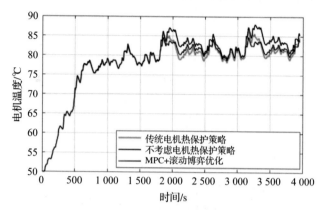

图7.4.7 电机温度曲线

由图7.4.7可知,在电机温度达到软阈值之前,三种策略的电机温度曲线是一致的。这是因为所提策略的电机温度代价函数只有在电机温度达到软阈值时才会生效。电机温度达到软阈值后,MPC预测电机温升,电机温度代价函数生效。通过提前降低电机的输出转矩,可以降低电机产生的热量功率,使电机温度无法达到极限温度,电机不触发传统热保护策略。三种策略的燃油经济性对比如表7.4.2所示。在中国典型城市行驶工况下,与传统电机热保护策略相比,提出策略和不考虑热保护策略的燃油经济性分别提高4.53%和5.81%。这是因为当触发传统的电机热保护策略时,允许的电机最大转矩会降低,可能无法满足EMS分配的需求转矩。虽然不考虑电机热保护策略的燃油经济性优于所提出策略,但电机长期处于过热状态。

表7.4.2 三种策略的燃油经济性对比

策 略	油耗 /($m^3 \cdot 100\ km^{-1}$)	电耗 /($kW \cdot h \cdot 100\ km^{-1}$)	改善 /%
传统电机热保护策略	18.39	18.77	
不考虑电机热保护策略	17.08	18.77	5.81
MPC+滚动博弈优化	17.56	17.91	4.53

7.5　小　　结

本章描述考虑混合动力系统热特性EMS。分别介绍了电池和电机电热耦合机制，以及将它们的温度响应作为优化指标进行优化。电池方面：首先根据电池充放电循环试验数据建立了电池寿命的半经验模型，定义了电池充放电剧烈因子，并以此作为电池工作状况是否恶劣的衡量标准；然后，依据PMP构建了提高整车燃油经济性并考虑电池容量衰减代价的实时优化EMS，确保混合动力车辆电池电量维持的情况下，在提高整车燃油经济性和延缓电池衰老两方面达到平衡；最后，利用逻辑门限策略和所提出的实时优化策略仿真对比。结果显示，考虑电池寿命的实时优化策略在整车燃油经济性方面优于逻辑门限策略，在延缓电池容量衰减方面优于未考虑电池寿命的实时优化策略，并且保证了混合动力车辆电池电量的保持。电机方面：首先建立基于热损伤曲线的电机热模型；然后在MPC框架内通过滚动博弈优化算法对能量管理问题进行求解，仿真结果表明所提算法能够有效防止电机过热并改善了燃油经济性。

第 8 章
智能网联混合动力车辆的能量优化控制

8.1 概　　述

智能交通系统（Intelligent Traffic System，ITS），是将先进的科学技术（信息技术、计算机技术、数据通信技术、传感器技术、电子控制技术、自动控制理论、运筹学和人工智能等）有效地综合运用于交通运输、服务控制和车辆制造，加强车辆、道路、使用者三者之间的联系，从而形成一种保障安全、提高效率、改善环境、节约能源的综合运输系统。

智能网联车辆（Intelligent Connected Vehicle，ICV）作为智能交通系统中重要的一环，是新一轮科技革命背景下的新兴产业。按照中国汽车工业协会的定义，智能网联车辆是搭载先进的车载传感器、控制器、执行器等装置，并融合现代通信与网络技术，实现车与人、车、路、后台等智能信息交换共享，具备复杂的环境感知、智能决策、协同控制和执行等功能，可实现安全、舒适、节能、高效行驶，并最终可代替人来操作的新一代车辆[88]。

将混合动力车辆装备智能网联功能，在智能交通系统环境中行驶，可以给混合动力车辆的 EMS 带来巨大的提升。智能网联混合动力车辆可以通过雷达、机器视觉等，提前预知交通控制信号、前向交通流、限速标识、道路坡度等，从而可提前通过车辆控制器实施经济型驾驶策略，最终实现车辆的节能与环保行驶。同样，怎样高效利用智能交通系统所提供的交通工况信息，加快 EMS 的运算速度，减轻远程控制中心的负载，以及实现多车系统的智能能量管理是 EMS 设计与应用面临的新的挑战。

围绕智能交通系统与智能网联车辆，本章将介绍智能网联车辆的新技术、基于车–车交互的混合动力车辆 EMS、基于云端优化的混合动力车辆 EMS 和基于路径优化的混合动力车辆 EMS。

8.2　智能网联车辆新技术概述

智能化、网联化已成为未来车辆技术的发展趋势，想要对智能网联车辆加以应用，首先需要对其发展与所具备的新技术有所了解。

8.2.1　智能网联车辆发展历程与现状

关于 ICV 的研究，从全球范围来看，美国、欧洲和日本等国家和地区起步较早。近年来，包括中国在内的各国政府均相继出台了相关政策来规划 ICV 和 ITS 的发展。

（1）德国：2013 年，德国允许博世自动驾驶技术在国内进行路试，奔驰等公司相继得到政府批准，在德国高速公路、城市交通和乡间道路等多环境开展自动驾驶车辆实地测试。

（2）美国：2014 年，美国交通部与 ITS 联合项目办公室共同提出"ITS 战略计划 2015—2019"，从单纯的车辆网联化，升级为车辆网联化与自动控制智能化的双重发展战略。2016 年发布了《美国自动驾驶车辆政策指南》。

（3）欧洲：2016 年，欧洲网络与信息安全局宣布成立"智能车辆和道路安全工作专家组"，旨在关注智能车辆和智能道路系统的安全性。

（4）日本：2014 年，日本政府发布将在 2030 年前普及不需要人为操作方向盘即可自动行驶的全智能车辆的预案，并纳入中长期战略发展大纲。2016 年，日本经济产业省、国土交通省和日本车辆工业会等成立自动驾驶研究所[89]。

（5）中国：2016 年，工信部组织行业加紧制定智能网联汽车的发展战略、技术路线图和标准体系，交通部在实行"两客一微"车辆管理方面也已经为智能管理积累了丰富经验。2018 年 3 月 1 日，由上海市经信委、市公安局和市交通委联合制定的《上海市智能网联汽车道路测试管理办法(试行)》正式发布,全国首批智能网联汽车开放道路测试号牌发放[90]。

8.2.2 智能网联车辆新技术介绍

相较于传统车辆而言,许多基于无线通信的新兴技术被引入ICV中,为车辆的安全行驶与性能的改善提供了重要保障。它们大致可分为两类:一类是长距离无线通信技术,使车辆可以利用4G/5G技术实现即时的互联网接入,尤其是传输速度较快的5G技术,有望成为车载长距离无线通信专用技术,并作为ICV与全球定位系统(Global Position System,GPS)、远程监控中心等设施之间的联系纽带;另一类则是短距离通信技术,包括专用短程通信技术、蓝牙、WiFi等。其中,专用短程通信技术重要性较高,它使高速移动的ICV能够在特定的区域内对周边目标进行识别和双向通信,实时传输图像、语音和数据信息等。

上述两种技术共同构建起车-车交互(Vehicle to Vehicle,V2V)、车-路旁设施交互(Vehicle to Infrastructure,V2I)通信系统,使ICV能够更好地借助外界工况信息改善自身性能。其中,V2V是一种不受限于固定式基站的通信技术,可以为移动中的车辆提供直接的一端到另一端的无线通信,不同的ICV之间可借此完成信息交换。这种技术由福特汽车公司在2014年6月3日发布,由于具备可监测道路上行驶的附近其他车辆的速度、位置等数据,可以使车辆驾驶员能够更好地察觉车辆行驶过程中的一些潜在危险。而且,由V2V衍生出的电子刹车系统,可使受控车辆在与前车距离过近时主动刹车,从而有效地减少车辆追尾事件的发生,大大提高了车辆的安全系数。V2I则是支撑了ICV与车辆之外更多外界设施之间的通信联系,包括距离较近的交通灯、无线信号基站,或是距离较远的GPS卫星、远程监控中心等。这样一来,不仅可以使ICV更好地了解附近的交通状况,从而选择最佳的出行路线来减少因道路拥堵而带来的等待时间。而且,由这些设备采集的反映行路线实时路况的数据,还可上传至远程监控中心,提前进行ICV的能量管理优化。最终,被优化好的策略会被发送并加载至ICV,使其燃油经济性、尾气排放等问题获得明显改善。

8.3 基于车-车交互的混合动力车辆能量优化控制

车-车交互是指主车和前车之间以一定的交互方式保持安全距离的过程，在这个跟车过程中，跟车间距的大小与混合动力车辆的燃油消耗、电量消耗和驾驶安全等息息相关，跟车间距过小，主车的驾驶安全性不能保证；跟车间距过大，主车的油耗电耗经济性则会增加。此外，在城市交通高峰时段，车辆跟驰场景十分普遍，因此研究车-车交互的混合动力车辆的 EMS 对于保证驾驶安全性和改善燃油经济性具有重要意义。

8.3.1 自适应巡航控制技术简介

在城市交通高峰时段，车辆跟驰场景十分普遍。在跟车场景中，通过车载传感器采集交通环境信息并反馈给控制单元，并由控制单元发送指令驱动执行机构，实现车辆跟驰。控制器可以对车辆精确操控，使发动机和电机实现很好地配合，减少油耗和电耗，车辆自适应巡航控制（Adaptive Cruise Control，ACC）技术则是跟车场景中代表性的技术。

车辆 ACC 系统作为现代车辆控制安全系统开发的重要方面，具有提高车辆乘坐舒适性和主动安全性的巨大研究前景。车辆 ACC 系统是在定速巡航控制系统基础上发展出的新一代车辆先进驾驶辅助系统，它结合了车辆定速巡航控制系统和车辆前向撞击报警系统，既具有定速巡航控制系统的全部功能，又可以通过车载雷达等传感器对车辆行驶前方的道路交通信息进行感知和监测。在车辆跟车过程中，当感知到车辆前方有其他行驶车辆时，车辆 ACC 系统可以根据由传感器探测到的主车和前车之间的相对距离和相对速度等信息，对车辆进行纵向速度控制，使主车与前车保持安全距离行驶，避免追尾事故发生[91]。

车辆 ACC 系统的基本组成如图 8.3.1 所示，主要由信息感知单元、电子控制单元（ECU）、执行单元和人机交互界面等组成[92]。

1. 信息感知单元

信息感知单元主要用于向 ECU 提供自适应巡航控制所需要的道路环境信

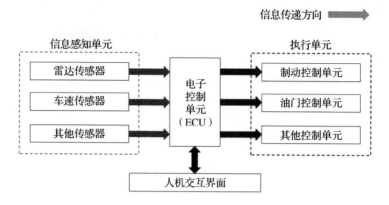

图 8.3.1 ACC 系统组成

息以及驾驶员的操作信号,包括测距传感器、转速传感器、转向角传感器、节气门位置传感器和制动踏板传感器等。测距传感器即车载雷达传感器,安装在车辆前端,用于获取车间距离信号,一般使用激光雷达或毫米波雷达;转速传感器安装在变速器输出轴上,用于获取实时车速信号,一般使用霍尔式转速传感器;转向角传感器用于获取车辆转向信号;制动踏板传感器安装在制动踏板下,用于获取制动踏板动作信号。

2. 电子控制单元

控制单元以微处理器为核心,包括时钟电路、复位电路、电源电路、传感器输入接口电路以及与监控主机进行数据交换的串行通信接口电路,用于实现系统的控制功能。ECU 根据驾驶员所设定的安全车距及巡航行驶速度,结合信息感知单元传送来的信息确定主车的行驶状态,决策出车辆的控制动作,并输出给执行单元。例如,当主车和前车的距离小于设定的安全距离时,ECU 计算出实际车距和安全车距之比及相对速度的大小,选择减速方式,同时通过报警器向驾驶员发出报警,提醒驾驶员采取相应的措施。

3. 执行单元

执行单元主要执行电子控制单元发出的指令,包括油门控制器、制动控制器、挡位控制器和转向控制器等。油门控制器用于调整车速,使车辆加速、减速及定速行驶;制动控制器用于紧急情况下的制动;挡位控制器用于控制车辆变速器的挡位;转向控制器用于控制车辆的行驶方向。

4. 人机交互界面

人机交互界面用于驾驶员设定系统参数及系统状态信息的显示等。驾驶员可通过设置在仪表盘或转向盘上的人机界面启动或清除 ACC 系统控制指令。启动 ACC 系统时，要设定主车在巡航状态下的车速和与目标车辆间的安全距离，否则 ACC 系统将自动设置为默认值，但所设定的安全距离不可小于设定车速下交通法规所规定的安全距离。

在启动 ACC 系统后，主车行驶过程中，安装在车辆前部的车距传感器持续探测车辆前方道路，同时转速传感器采集车速信号。当主车前方无障碍物时，车辆按照设定的速度巡航行驶；当行驶车道的前方有其他前行车辆时，ACC 系统电子控制单元将根据主车和前车之间的相对距离及相对速度等信息，通过与防抱死制动系统、发动机控制系统、自动变速器控制系统协调动作，对车辆纵向速度进行控制，使主车与前车始终保持安全距离行驶。

ACC 系统的跟车过程可描述为巡航控制、减速控制、跟随控制和加速控制四个部分，如图 8.3.2 所示。

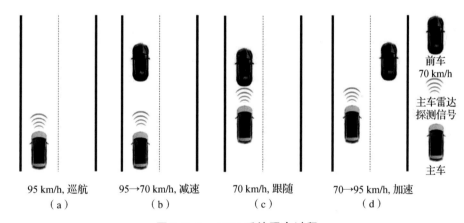

图 8.3.2 ACC 系统跟车过程

当主车前方无行驶车辆时，主车将处于普通的巡航行驶状态，ACC 系统按照设定的行驶车速对车辆进行巡航控制。当主车前方有目标车辆，且目标车辆的行驶速度小于主车的行驶速度时，ACC 系统将控制主车进行减速，确保两车间的距离为所设定的安全距离。当 ACC 系统将主车车速减至理想的目标值之后采用跟随控制，与目标车辆以相同的速度行驶。当前方的目标车辆加速行驶或发生移线，或主车移线行驶使得前方又无行驶车辆时，ACC系统将对主车进行加速，使主车恢复到设定的巡航车速。在恢复行驶速度后，ACC系统又转入对当主车的巡航控制。当驾驶员参与车辆驾驶后，如使用刹车踏板时，ACC系统自动退出对车辆的控制[93]。

总的来说，车载ACC系统可以自动控制车速，并且在任何时候驾驶员都可以主动进行加速或制动。ACC系统通过测距传感器的反馈信号，其控制单元可以根据靠近车辆物体的移动速度判断道路情况，并控制车辆的行驶状态；通过反馈式加速踏板感知的驾驶员施加在踏板上的力，ACC系统控制单元可以决定是否执行巡航控制，以减轻驾驶员的疲劳。目前，更先进的ACC系统带有辅助转向功能，不仅可以使车辆自动与前车保持安全车距，而且车辆还能够自动转向，使得驾驶过程更加安全舒适。

8.3.2 跟车过程中的混合动力车辆能量优化控制问题形成

混合动力车辆在传统车辆的基础上增设了动力电池作为发动机之外的第二动力源。在电机的配合工作下，可调整发动机在行驶过程中最大限度处于高负荷区，从而实现改善燃油经济性、降低污染物排放、提升续航里程的重要作用。在城市高峰期的交通路况中，由于交通流量大，车辆跟驰场景十分普遍，车辆常常进行频繁启停，不仅会导致驾驶员疲劳，也会恶化混合动力车辆的燃油经济性。然而，市面上的混合动力车辆采用的EMS不能使电机和发动机进行很好的配合，绝大多数情况下动力电池的电能被过快地耗尽，严重影响了混合动力车辆的燃油经济性。因此，研究跟车过程中的能量管理问题，对于提高道路利用率，减少拥堵，降低交通事故发生率，提高驾驶安全性，改善车辆尾气排放，以及促进能源的可持续发展具有重要意义。

针对考虑混合动力车辆驾驶安全性和燃油经济性的多目标优化问题，提出以下解决方案，以混合动力公交车能量优化控制为例进行说明[94]。

在跟车场景下，混合动力公交车启停次数较多，主车和前车间保持安全车距极为重要。如图8.3.3所示，两车间最优安全距离为

第 8 章　智能网联混合动力车辆的能量优化控制

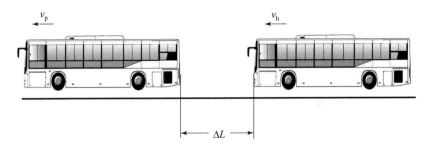

图 8.3.3　车辆跟驰场景原理图

$$\begin{cases} \Delta L_{\min} = \gamma(\alpha_1 + \alpha_2 \cdot v_h + \alpha_3 \cdot v_h^2) + (1-\gamma)(\beta_1 + \beta_2 \cdot v_h + \beta_3 \cdot v_h^2) \\ \Delta L_{\max} = \gamma(\beta_1 + \beta_2 \cdot v_h + \beta_3 \cdot v_h^2) + (1-\gamma)(\alpha_1 + \alpha_2 \cdot v_h + \alpha_3 \cdot v_h^2) \end{cases} \quad (8.3.1)$$

式中：$\Delta L_{\min}$、$\Delta L_{\max}$ 为最优车间距离的最大值和最小值（m）；v_p 为前车车速（m/s）；v_h 为主车车速（m/s）；γ 为无单位的调节因子（m/s²）；α_1、α_2、α_3、β_1、β_2、β_3 均为系数。

考虑到常规控制策略的预测模型为恒定不变的非线性方程，与交通信息的相关性较差，从而基于公交线路工况建立马尔可夫链的预测模型。马尔可夫过程作为随机过程，可以解决随机环境下动态建模问题。它描述了当前状态依靠转移概率转移到下一时刻的随机性。它的转移过程与历史无关，只与当前状态有关，这就是马尔可夫链的无后效性[95]。若在这个过程中状态量和时间量均为离散变量，则称为马尔可夫链。

根据实车采集的公交工况的数据，经过车辆纵向动力学公式转换可得到此工况下对应的整车需求转矩数据。考虑到公交线路工况的周期性以及相似性的规律，通过历史数据可以统计驾驶员行为，符合马尔可夫链的性质，所以可通过工况建立马尔可夫链转矩需求预测模型。根据此模型，可以预测出有限时间域内的车速和整车需求转矩。选择车速和整车需求转矩的最小值和最大值，通过近邻法，在此范围内将其离散化。在这个程中，离散值之间的间隔越小，结果会越精确，但同时计算量也较大，因此应当选择合适的间隔，既能保证结果的精确度，又不致产生过于庞大的计算量[96]。

在提出的 NMPC 策略中将混合动力汽车在车辆跟随场景下的控制问题概

括为：在与前车保持安全距离的同时，使混合动力系统的燃油经济性最大化。相应的车辆跟随性能指标和经济性能指标如下：[97]

$$\begin{cases} J_c = \sum_{i=1}^{N-1} L_f(k+i|k) + \varphi L_d(k+i|k) \\ L_f(k) = \theta_1(k+i|k) + \nu \cdot \theta_2(k+i|k) \\ L_d(k) = \Delta s^2(k+1|k) + w \cdot \Delta v^2(k+1|k) \end{cases} \quad (8.3.2)$$

式中：J_c 为策略的成本函数；L_f 为经济性能指标；L_d 为跟随性能指标；θ_1、θ_2 为燃油消耗和电量消耗；Δv 为相对速度；Δs 为相对车距；φ、ν、w 为权重系数；

8.3.3 仿真实例与结果分析

为验证提出 NMPC 控制策略性能，采用某城市实际公交道路工况作为前车的驾驶工况，仿真结果如图 8.3.4 所示。图 8.3.4（a）为车速跟踪曲线，可以看出主车几乎可以和前车保持同样车速，跟车效果较好。图 8.3.4（b）为车间距离曲线，在开始的 1 000 s 内，车速较低，对应的车间距离较小，随着车速增大，车间距离随之增大。由图可以看出，实际车间距离曲线与另外两条曲线无任何交点，可证明 NMPC 控制策略可使主车既能满足跟车要求又能保证驾驶的安全性。图 8.3.4（c）、（d）和（e）分别为主车的发动机转矩、电机转矩和电池 SOC 曲线。结合图 8.3.4（a）车速曲线，可以看出在车速较低时，电机单独驱车，避免使发动机工作在低效区，减少尾气排放，改善燃油经济性。根据上述仿真结果不难看出，NMPC 控制策略在整个驾驶工况内可以较好地分配发动机转矩和电机转矩，从而使电机很好地辅助发动机工作，实现能量的合理分配。

在跟车过程中，除了保证燃油经济性和驾驶安全性外，乘坐的舒适性也是一个重要性能。对于这一性能，主要考虑主车的冲击度这一因素。图 8.3.5 为主车的冲击度曲线，它被限制在 $-15 \sim 20 \text{ m/s}^3$，乘客不会有明显的冲击感，可以保持良好的乘车舒适度。

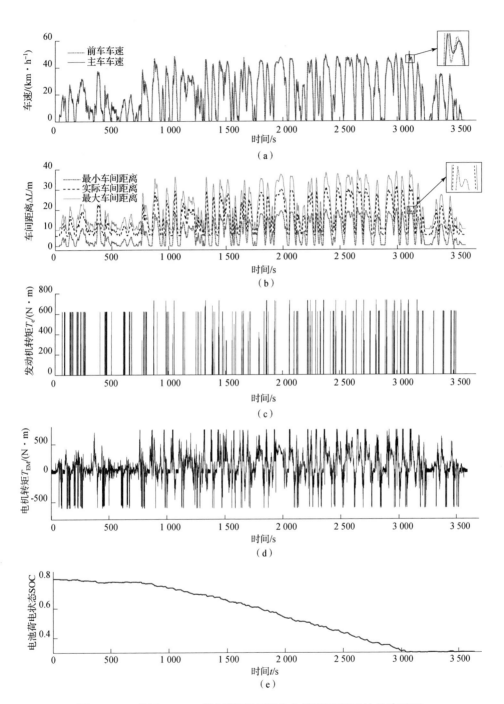

图 8.3.4 基于 NMPC 控制策略实际公交线路工况下的仿真结果

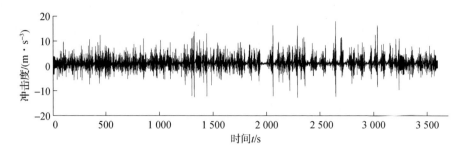

图8.3.5 基于NMPC控制策略优化的冲击度曲线

8.4 基于云端优化的混合动力车辆能量优化控制

在 ITS 中，V2V 和 V2I 技术的应用，使驾驶员在驾驶过程中能够获取更全面、准确的道路信息来保证车辆的安全行驶。而且，在远程监控中心（Remote Monitoring Center，RCM）中，运算能力强大的云平台可以接收并利用这些数据对 EMS 进行实时优化，适合当前路况的策控制动作最终被发送至相应的车辆。这种方法不仅可以保证混合动力车辆在不同路况下的燃油经济性，同时也免去了用大量训练样本来换取策略泛化能力的烦琐。

8.4.1 车辆远程监控系统简介

作为 ITS 中的重要组成部分，RMC 在混合动力车辆 EMS 的优化过程中起着不可替代的作用：①RMC 可利用无线通信技术实现与车辆的信息交互，从而达到对待优化车辆状态信息的实时监测和采集，其工作框架如图 8.4.1 所示。在车辆正常行驶的过程中，发动机状态、电机状态、车速和车辆位置等数据可汇总于 CAN 总线，并利用 5G 无线网络终端上传至 RMC。其中，无线网络终端由时钟模块、功率模块和中央处理器模块等多个单元组成。②当 RMC 接收到相关信息后，需要通过聚类等手段对该数据进行规范化处理。并根据 GPS 测定的道路地理信息以及交通流状况，仿照当前真实路况搭建虚拟车辆行驶场景，以用于 EMS 的云端优化[98]。由于 RMC 中装配有运算能力强大的云优化平台，因此 EMS 中的相关参数可在较短的时间内被优化。③针对当前路况完成优化的 EMS 参数,将通过无线通信手段被发送给相应的混合动力车辆,以便使其以期望性能在该路段行驶。

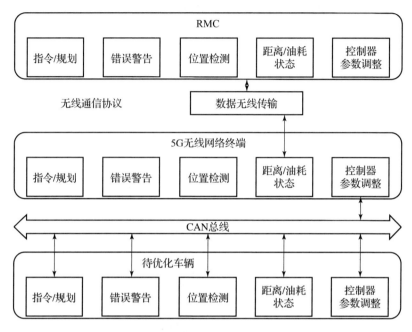

图 8.4.1　RMC 工作框架

8.4.2　基于云端优化的混合动力车辆能量优化控制问题形成

在通常情况下,EMS 的性能是与混合动力车辆的行驶工况紧密联系的。换言之,EMS 需要根据道路环境的变换时刻进行调整,才能展现出最佳效果。因此,采用云端优化的意义在于,借助先进的智能网联技术,结合当前的路况信息对 EMS 进行快速调整,以获取其在不同环境下的自适应性[99]。

目前,该方案在实际应用中存在的问题为利用路况信息进行云端优化过程中时间上的滞后性,与行驶车辆对策略的实时需求之间的矛盾。针对这一情况,我们提出以下解决方案,以插电式混合动力公交车(Plug‑in Hybrid Electric Bus,PHEB)的 EMS 优化为例进行说明。如图 8.4.2 所示,PHEB 1 和 PHEB 2 为行驶路线相同但发车时间相差 10 min 的两辆城市公交车,共同构成了 EMS 的优化系统。其中，先行的 PHEB 1 从第 1 站开始到第 $N-1$ 站结束，负责记录自身车速以反映当前的交通流状况，随后此数据会同由 GPS 卫星采集到的该路段地理状况信息，经由无线网络基站被发送至 RMC。在 PHEB 2 到达第 1 站之前，RMC 将有 5 min 的时间利用接收到的信息对 EMS 的参数进行优化[100]。一旦 PHEB 2 到达第 1 站，被优化好的参数将通过无线通信技术被发送并装载进车辆中。这样一来，PHEB 2 行驶在该路段时的性能将被明显改善。这样操作的可行性依据在于，两辆公交车之间存在一定的时间差使策略参数得以被优化。同时，时间差比较短，在一定程度上可避免发生策略因路况发生较大变化而失效的现象。

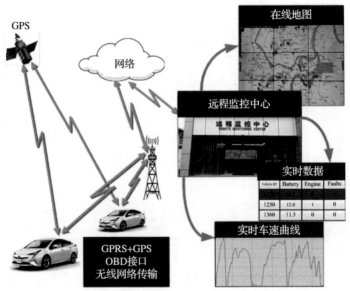

图 8.4.2　基于云端优化的 EMS 优化过程

8.4.3　仿真实例与结果分析

为了验证方案的有效性，采用模糊控制为 PHEB 控制方法，遗传算法为云端优化方法，在中国典型城市工况下进行仿真实验。仿真实验中，车辆在中国典型城市工况下的速度跟踪轨迹、需求转矩、转矩分配和能量消耗情况，如图 8.4.3 所示。

第8章 智能网联混合动力车辆的能量优化控制

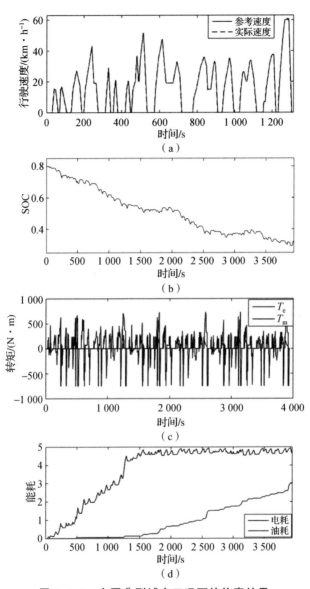

图 8.4.3 中国典型城市工况下的仿真结果

对于 PHEB 而言，减少行驶过程中燃油消耗的关键在于，发动机能够在电机的辅助下尽可能地工作在能量转化率高效区域。由仿真实验得到的图 8.4.4 可以看出，在本策略的控制下，发动机能够以较佳的状态为车辆的行驶提供动力。而且，根据表 8.4.1 中给出的实际能源消耗情况可以看出，相比于传统的模糊控制方法，本节提出的基于云端优化的控制策略具备明显优势。

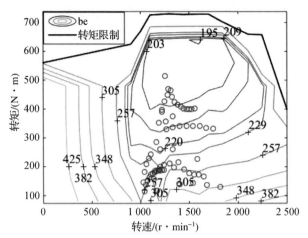

图 8.4.4 仿真中发动机工作点图

表 8.4.1 不同控制策略下的能量消耗情况

策略	燃料消耗 /(m³·100 km⁻¹)	电能消耗 /(kW·h·100 km⁻¹)	提高/%
传统模糊控制	17.69	26.07	17.7
云端优化控制	16.71	24.71	22.9

8.5 基于路径优化的混合动力车辆能量优化控制

混合动力车辆在不同工况下 EMS 不同，如何实现在行驶任务的最后将电池电量合理使用，从而最大化燃油经济性是 EMS 的目标。作为无人驾驶车辆，路径规划承担着为车辆规划合理的行驶路径，保证驾驶员安全与舒适驾驶，此外也应该规划出合理的驾驶工况组合，以达到最小的能量消耗[101-102]。

8.5.1 智能车辆路径全局规划问题介绍

无人驾驶车辆是集多种技术于一体的复杂系统，其中路径规划是车辆实现自动驾驶的基础。全局路径规划作为自动驾驶系统中的核心技术,利用定位系统配合高精度地图为车辆提供由起点到达终点的最优路径。传统的路径规划算法包括迪杰斯特拉(Dijkstra)算法、A*算法和D*算法等,如图8.5.1和图8.5.2所示。

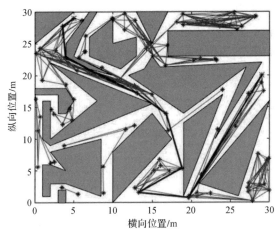

图 8.5.1　迪杰斯特拉算法

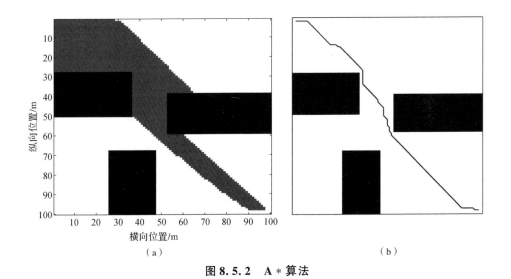

图 8.5.2　A*算法

迪杰斯特拉算法是典型的最短路径搜索算法,以起始点为中心向四周逐层拓展,直到访问的范围内包含终点为止。因为遍历了地图中所有的节点,只要找到终点就可以取出最短路径。遍历的特性有利有弊,优势在于成功率和稳定性好，劣势在于在大型复杂地图中计算效率低。

A * 算法是静态路网中求解最短路径最有效的直接搜索方法，通过引入启发式函数增加搜索的速度，其代价函数为 $f(n) = g(n) + h(n)$，其中，$g(n)$ 表示从起点到达节点 n 的实际代价，$h(n)$ 表示从节点 n 到达终点的估计代价。当 $h(n) = 0$ 时，A * 算法退化为迪杰斯特拉算法，而代价估计值与真实值越接近，最终搜索速度越快。

结合高精度地图与传感器的感知，根据上述算法我们可以获得一个全局最优路径。当面对具体驾驶场景，局部路径规划算法针对环境中的静态或动态障碍物完成避障操作，实现安全驾驶。常见的局部路径规划算法有快速扩展随机树（Rapidly – exploring Random Trees，RRT）算法、人工势场算法等，如图 8.5.3 所示。

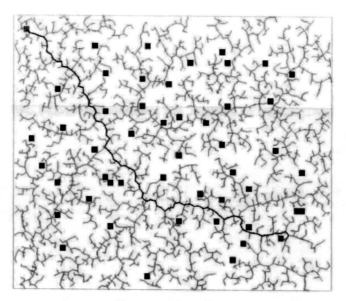

图 8.5.3　RRT 算法

RRT 算法通过对状态空间中的采样点进行碰撞检测，避免了对空间的建模，能够有效地解决高维空间和复杂约束的路径规划问题[103-104]。该方法的特点是能够快速有效地搜索高维空间，通过状态空间的随机采样点，把搜索导向空白区域，从而寻找到一条路径，适合解决复杂环境下和动态环境中的路径规划。

第8章　智能网联混合动力车辆的能量优化控制

人工势场算法是一种虚拟力法,如图 8.5.4 所示。它的基本思想是将自动驾驶车辆的驾驶环境等效为势场,目标点对自动驾驶车辆产生"引力",障碍物对其产生"斥力",最后通过求合力来决定自动驾驶车辆的运动。这种方法实时性较好,规划出的路径也很光滑。

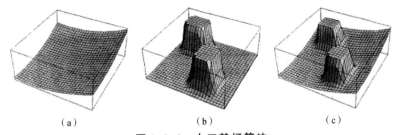

图 8.5.4　人工势场算法

传统的路径规划算法一般将路径长度、路径平滑度以及其他项作为优化目标。结合当前混合动力车辆的发展趋势,应当将能量管理中燃油消耗量以及电量损耗也纳入路径评价体系中,减少能源消耗。

8.5.2　基于路径优化的混合动力车辆能量优化控制问题形成

假设遇到同样路径长度,同起始点同终点的两条路径:其中一条平坦但有许多交通灯;另一条有许多上坡下坡工况,但是没有交通信号灯的管制。以路径长度为目标的路径规划算法也许认为这两种路径为同样地位的,也许会因为没有交通信号灯的限制优先选择第二条。然而,第一条路径在能量管理方面可能会优于第二条(频繁进行操作模式切换)。很明显,在路径过程中我们也应该考虑混合动力车辆的能量管理问题[105]。深度学习算法通过对算法的大量训练中获得最优能量消耗路径,从而达到减少燃油消耗以及能量合理分配的目的[106]。

因此,可以基于发动机的特性曲线及电池 SOC 进行系统工作模式划分,EMS 在满足车辆性能要求的基础上,尽可能地降低油耗,提高燃油经济性,其中油耗包括动力电池所耗电量和增程器开启过程中的油耗。为此,将 EMS 参数的最优化表述为求解如下有约束非线性规划问题,可表示为

$$\min J = f(FC(SOC_{low}, SOC_{high}), BA(SOC_{low}, SOC_{high})) + C + J_{other}$$

(8.5.1)

式中：FC、BA 分别为燃油消耗和电量消耗；$f(\cdot)$ 表示两者通过热值换算成等效燃油消耗量的关系；C 为充放电倍率；J_{other} 为其他路径优化项。

8.5.3 仿真实例与结果分析

这里以丰田普锐斯实验车辆，采用深度学习算法考虑能量管理问题进行最小燃油消耗为目标的路径规划。混合动力车辆的 EMS 是要避免发动机运行在高油耗区。深度学习算法将已知地图分成若干路段，并考虑其地形与位置，各路段整车需求可以根据下式计算：

$$T_w = \eta_t \cdot i_f(T_e + T_m) + T_{brk} \quad (8.5.2)$$

式中：T_w 为整车所需输出转矩；η_t 为传动效率；T_e、T_m 分别为发动机转矩、电机转矩；T_{brk} 为制动转矩；i_f 为普锐斯行星齿轮的基本比，该比是一个固定比，其值等于太阳齿轮半径除以行星环半径。

电机分为两种工作模式：驾驶模式与制动模式，其中 P_m 是电机输出功率，两种模式的计算方法如下：

$$P_m = \begin{cases} T_m \omega_m / \eta_m \\ T_m \omega_m \eta_m \end{cases} \quad (8.5.3)$$

通过结合发动机与电机效率曲线，对大量驾驶数据进行训练，从而获得能量最优路径。每个动作都可以基于在地图上每个路段上行驶所需的能量进行评估。如图 8.5.5 所示，路线规划结果。背景颜色表示海拔范围从 0（白色）到 800 m（深蓝色）。黄线显示道路网络。红线表示通过建议的方法产生的油耗为 134 263 kJ 的路线，绿线表示燃油消耗为 215 715 kJ 的最短路径。两条路径共享相同的源 A，该源 A 向东指向终点 B。图 8.5.5 中显示了路线规划结果，其中红色路线表示最节能的路线，绿色路线是最短的路线，其燃油消耗比红色路线高，验证了同时进行能量管理和路线规划的有效性。

随着交通密度的增加，拥挤的交通环境导致车辆频繁启停，因此为了有效缓解由于车辆突然增加而引起的道路拥堵，并减少出行时间和燃料消耗，提出一种动态路途决策实时路线引导方案[107]，通过车辆网络实时生成和传输交通信息。根据共享的交通信息，DEDR 引入信任概率来预测交通状况，

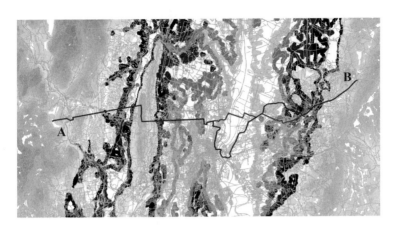

图 8.5.5　全局路径规划结果（附彩插）

并动态地沿途确定备选最佳路线。并且分别以行驶时间、燃油消耗量、道路拥挤程度评估交通状况，并根据上述指标根据驾驶员偏好确定行驶路线。

如图 8.5.6 所示，方案一、方案二、方案三是以静态行驶时间，行驶距离和动态实时行驶时间为优化指标的结果，方案四和方案五分别是考虑行驶时间和车辆密度的 DEDR 方案的情况。在评估系统中部署 3 000 辆车辆时，DEDR 的平均行程时间为 152 s，分别比方案一、方案二和方案三的行程时间短 221.2 s、459.5 s 和 51.1 s。当驾驶员偏好指标为油耗时，DEDR 的总油耗分别比方案一、方案二和方案三低 161.6 L、78.3 L 和 252.6 L。图 8.5.6

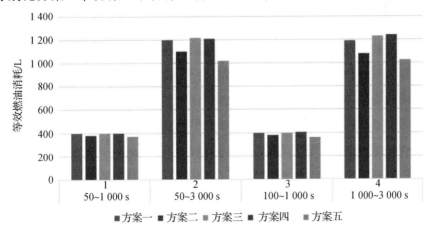

图 8.5.6　不同优化指标路径规划结果

显示了在不同优化目标下的路线规划方案中完成行驶的总燃油消耗。从图中可以看出随着行驶里程的增加，方案五始终可以实现低油耗。

8.6 小　　结

智能网联混合动力车辆的能量管理不仅是传动系统层面发动机和电机的转矩分配问题，还涉及车辆层面目标车辆根据具体驾驶环境自主协调速度曲线的问题，甚至涉及路径规划问题。本章从智能网联车辆发展历程开始，介绍了智能网联车辆的现状和新技术。8.3节和8.4节分别简单介绍了自适应巡航控制技术以及车辆远程监控系统，并论述了这两种技术分别在基于车－车交互和云端优化的混合动力车辆EMS中的应用，给出了对应的仿真实例和结果分析。8.5节介绍了智能车辆路径全局规划问题并叙述了如何将其应用到能量管理问题上来。

参 考 文 献

[1] Khajepour A, Fallah S, Goodarzi A. Electric and hybrid vehicles technologies, Modeling and control: A Mechatronic Approach [M]. John Wiley & Sons, Ltd, 2014.

[2] 王崧浩,钟发平,吴纯华. 乘用车混合动力技术发展现状及趋势分析 [J]. 汽车实用技术, 2020, 316（13）: 266-268.

[3] 王翔宇, 混合动力汽车机电耦合系统设计与运行控制关键技术研究 [D]. 北京: 清华大学, 2020.

[4] 王晓宇. 绳系卫星概周期运动和最优控制 [D]. 南京: 南京航空航天大学, 2010.

[5] Chen T, Luo Y, Li K. Multi-objective adaptive cruise control based on nonlinear model predictive algorithm [C] //Vehicular Electronics and Safety (ICVES), 2011 IEEE International Conference on. IEEE, 2011: 274-279.

[6] Huang M. Optimal multilevel hierarchical control strategy for parallel hybrid electric vehicle [C] //Vehicle Power and Propulsion Conference, 2006. IEEE, 2006: 1-4.

[7] 杨超. 面向公交客车应用的混合动力系统机电耦合控制研究 [D]. 秦皇岛: 燕山大学, 2015.

[8] 游思雄. 基于随机预测控制插电式混合动力客车能量管理策略研究 [D]. 北京: 清华大学, 2017.

[9] 陈清泉,孙逢春,祝嘉光. 现代电动汽车技术 [M]. 北京: 北京理工

大学出版社，2002.

［10］Szumanowski A. 混合电动车辆基础［M］. 陈清泉，孙逢春，译. 北京：北京理工大学出版社，2001.

［11］李翠连. 插电式混合动力客车 AMT 换挡策略设计与仿真［D］. 秦皇岛：燕山大学，2015：41-47.

［12］古艳春，殷承良，张建武. 并联式混合动力汽车机械式自动变速器换挡策略［J］. 上海交通大学学报，2007，41（2）：250-255.

［13］余志生. 汽车理论［M］. 6 版. 北京：机械工业出版社，2018.

［14］Yang C, Du S, Li L, et al. Adaptive real-time optimal energy management strategy based on equivalent factors optimization for plug-in hybrid electric vehicle［J］. Applied Energy, 2017, 203：883-896.

［15］吴志虎，刘尚，裴润. 基于力矩的发动机建模和速度跟踪控制［J］. 哈尔滨理工大学学报. 2009，14（1）：19-22，27.

［16］Guzzella L, Onder C. Introduction to Modeling and Control of Internal Combustion Engine Systems［M］. Springer Science & Business Media, 2009.

［17］Guzzella L, Amstutz A. Control of Diesel Engines［J］. IEEE Control Systems, 1998, 18（5）：53-71.

［18］Chiara F, Wang J, Patil C B, et al. Development and Experimental Validation of A Control-Oriented Diesel Engine Fuel Consumption and Brake Torque Predictive Model for Hybrid Powertrain Control Applications［C］//ASME Dynamic Systems and Control Conference. American Society of Mechanical Engineers, 2010：45-52.

［19］汤蕴，史乃. 电机学［M］. 北京：机械工业出版社，2000.

［20］Zhou J, Wang Y. Real-Time Nonlinear Adaptive Backstepping Speed Control for a PM Synchronous Motor［J］. Control Engineering Practice, 2005, 13（10）：1259-1269.

［21］Deur J, Ivanović V, Herold Z, et al. Dry Clutch Control Based on Electromechanical Actuator Position Feedback Loop［J］. International

Journal of Vehicle Design, 2012, 60 (3): 305 - 326.

[22] 王玉海, 宋健, 李兴坤. 离合器动态过程建模与仿真 [J]. 公路交通科技. 2004, 21 (10): 121 - 125.

[23] 温诗铸. 摩擦学原理 [M]. 北京: 清华大学出版社, 1990.

[24] 徐石安, 肖德炳, 刘惟信. 离合器 [M]. 北京: 人民交通出版社, 1981

[25] 张洪欣. 汽车设计 [M]. 北京: 机械工业出版社, 1995.

[26] Zheng Quan. Modeling and Control of Powertrains with Stepped Automatic Transmissions [D]. The Ohio State University, 1999.

[27] The Mathworks Inc. Using Simulink and Stateflow in Automotive Applications. 1998.

[28] Alt B, Antritter F, Svaricek F, et al. Multivariable speed synchronisation for a parallel hybrid electric vehicle drivetrain [J]. Vehicle System Dynamics, 2013, 51 (3): 321 - 337.

[29] Li C, Xi G, Sun J. Torque Coordination Control During Mode Transition for a Series - Parallel Hybrid Electric Vehicle [J]. IEEE Transactions on Vehicular Technology, 2012, 61 (7): 2936 - 2949.

[30] Langjord H, Kaasa G, Johansen T. Adaptive Nonlinear Observer for Electropneumatic Clutch Actuator With Position Sensor [J]. IEEE Transactions on Control Systems Technology, 2012, 20 (4): 1033 - 1040.

[31] Elzaghir W, Zhang Y, Natarajan N, et al. Model Reference Adaptive Control for Hybrid Electric Vehicle With Dual Clutch Transmission Configurations [J]. IEEE Transactions on Vehicular Technology, 2018, 69 (2): 991 - 999.

[32] Jiao X, Zhang J, Shen T. An Adaptive Servo Control Strategy for Automotive Electronic Throttle and Experimental Validation [J]. IEEE Transactions on Industrial Electronics, 2014, 61 (11): 6275 - 6284.

[33] Li L, Yang C, Zhang Y, et al. Correctional DP - Based Energy

Management Strategy of Plug – In Hybrid Electric Bus for City – Bus Route [J]. IEEE Transactions on Vehicular Technology, 2015, 64 (7): 2792 – 2803.

[34] Wang S, Liu Y, Wang Z, et al. Adaptive fuzzy iterative control strategy for the wet – clutch filling of automatic transmission [J]. Mechanical Systems and Signal Processing, 2019, 130: 164 – 182.

[35] Li S, Wu C, Sun Z. Design and Implementation of Clutch Control for Automotive Transmissions Using Terminal – Sliding – Mode Control and Uncertainty Observer [J]. IEEE Transactions on Vehicular Technology, 2016, 65 (4): 1890 – 1898.

[36] 阿弗莱克. 简析坦克装甲车辆电传动技术 [J]. 现代兵器, 2009 (12): 21 – 25.

[37] 罗苇. 混合动力履带车辆驱动系统仿真研究 [D]. 北京: 北京理工大学, 2015.

[38] 舒红, 秦大同, 胡建军. 混合动力汽车控制策略研究现状及发展趋势 [J]. 重庆大学学报 (自然科学版), 2001, 06: 28 – 31.

[39] 李军求, 孙逢春, 张承宁. 履带式混合动力车辆能量管理策略与实时仿真 [J]. 兵工学报, 2013, 11: 1345 – 1351.

[40] Wang L, Collins Jr., Emmanuel G, et al. Optimal Design and Real – Time Control for Energy Management in Electric Vehicles [J]. IEEE Transactions on Vehicular Technology, 2011, 60 (4): 1419 – 1429.

[41] 谷中丽, 王素贞, 李军求. 混合动力车辆多目标控制能量管理策略研究 [J]. 北京理工大学学报, 2006, (06): 487 – 491.

[42] 李峰, 谷中丽. 混合动力履带车辆能量分配控制策略研究 [J]. 计算机仿真, 2013, (05): 152 – 157.

[43] 欧健, 张勇, 陈宝, 等. 混合动力汽车控制策略研究进展 [J]. 重庆工学院学报 (自然科学版), 2008, (02): 10 – 15 + 19.

[44] Xiang C, Ding F, Wang W, et al. Energy Management of a Dual – Mode Power – Split Hybrid Electric Vehicle Based on Velocity Prediction and

Nonlinear Model Predictive Control [J]. Applied Energy, 2017, 189: 640-653.

[45] Wang W, Xiang C, Liu H, et al. A Model-Predictive-Control-Based Power Management Strategy for a Power-Split Electro-Mechanical Transmission [J]. Proceedings of the Institution of Mechanical Engineers Part D Journal of Automobile Engineering, 2016, 230 (14): 108-109.

[46] 刘金琨. 先进 PID 控制 MATLAB 仿真 [M]. 3 版. 北京: 电子工业出版社, 2011.

[47] 陈宝林. 最优化理论与算法 [M]. 北京: 清华大学出版社, 1989.

[48] Ericsson E. Independent Driving Pattern Factors and Their Influence on Fuel-Use and Exhaust Emission Factors [J]. Transportation Research Part D-Transport and Environment, 2001, 6: 325-345.

[49] Halkidi M, Batistakis Y, Vazirgiannis M. On Clustering Validation Techniques [J]. Intelligent Information Systems Journal, 2001, 17: 107-145.

[50] Roy D, Sharma L. Genetic K-Means Clustering Algorithm for Mixed Numeric and Categorical Data [J]. International Journal of Artificial Intelligence& Applications, 2010, 1 (2): 23-28.

[51] Chen X, Li L, Zhang Y. A Markov Model for Headway/Spacing Distribution of Road Traffic [J]. IEEE Transactions on Intelligent Transportation Systems, 2010, 11 (4): 773-785.

[52] Li L, Chen X, Li Z. Asymmetric Stochastic Tau Theory in Car-Following [J]. Transportation Research Part F: Traffic Psychology and Behaviour, 2013, 18: 21-33.

[53] Li L, You S, Yang C, et al. Driving-Behavior-Aware Stochastic Model Predictive Control for Plug-in Hybrid Electric Buses [J]. Applied Energy, 2016, 162: 868-879.

[54] Zhang C, Vahid A. Route Preview in Energy Management of Plug-in Hybrid Vehicles [J]. IEEE Transactions on Control Systems Technology,

2012, 20 (2): 546-553.

[55] Li L, Yang C, Zhang Y, et al. Correctional DP - Based Energy Management Strategy of Plug - in Hybrid Electric Bus for City - Bus Route [J]. IEEE Transactions on Vehicular Technology, 2015, 64 (7): 2792-2803.

[56] Guanetti J, Formentin S, Savaresi S. Total Cost Minimization for Next Generation Hybrid Electric Vehicles [C] //Proceedings of the 19th IFAC World Congress, 2014, 86: 266-276.

[57] Millo F, Rolando L, Fuso R, et al. Analysis of Different Energy Management Strategies for Complex Hybrid Electric Vehicles [J]. Computer - Aided Design and Applications, 2014, 11 (1): S1-S10.

[58] Li L, You S, Yang C. Multi - Objective Stochastic MPC - Based System Control Architecture for Plug - in Hybrid Electric Buses [J]. IEEE Transactions on Industrial Electronics, 2016, 99 (1): 1-12.

[59] Nueesch T, Elbert P, Flankl M, et al. Convex Optimization for the Energy Management of Hybrid Electric Vehicles Considering Engine Start and Gearshift Costs [J]. Energies. 2014, 7 (2): 834-856.

[60] Moura S, Stein J, Fathy H. Battery - health Conscious Power Management in Plug - in hybrid Electric Vehicles via Electrochemical Modeling and Stochastic Control [J]. IEEE Transactions on Control Systems Technology. 2013, 21 (3): 679-694.

[61] Vinot E, Trigui R. Optimal Energy Management of HEVs with Hybrid Storage System [J]. Energy Conversion and Management. 2013, 76: 437-452.

[62] Xiang C, Wang Y, Hu S, et al. A New Topology and Control Strategy for a Hybrid Battery - ultracapacitor Energy Storage System [J]. Energies. 2014, 7 (5): 2874-2896.

[63] 罗国鹏, 罗禹贡, 李克强. 基于最佳电能使用的插电式混合动力客车控制策略 [J]. 汽车工程, 2012, 34 (6): 475-478.

[64] Opila D, Wang X, McGee R, et al. An Energy Management Controller to Optimally Trade off Fuel Economy and Drivability for Hybrid Vehicles [J]. IEEE Transactions on Control Systems Technology. 2012, 20 (6): 1490-1505.

[65] Zhang Y, Liu H, Guo Q. Varying-domain Optimal Management Strategy for Parallel Hybrid Electric Vehicles [J]. IEEE Transactions on Vehicular Technology. 2014, 63 (2): 603-616.

[66] Nguyen A, Lauber J, Dambrine M. Optimal Control Based Algorithms for Energy Management of Automotive Power Systems with Battery/supercapacitor Storage Devices [J]. Energy Conversion and Management. 2014, 87: 410-420.

[67] Zhang S, Xiong R, Zhou X. Comparison of the Topologies for a Hybrid Energy-storage System of Electric Vehicles via a Novel Optimization Method [J]. Science China-Technological Sciences. 2015, 58 (7): 1173-1185.

[68] Mansour C. Trip-based Optimization Methodology for a Rule-based Energy Management Strategy Using a Global Optimization Routine: the Case of the Prius Plug-in Hybrid Electric Vehicle [J]. Proceedings of the Institution of Mechanical Engineers Part D-Journal of Automobile Engineering. 2016, 230 (11): 1529-1545.

[69] 郑海亮, 项昌乐, 王伟达, 等. 双模式机电复合传动系统综合控制策略 [J]. 吉林大学学报（工学版）, 2014, 44 (2): 311-317.

[70] Li H, Li L, He L, et al. PID Plus Fuzzy Logic Method for Torque Control in Traction Control System [J]. International Journal of Automotive Technology. 2012, 13 (3): 441-450.

[71] Kang J, Choi W, Kim H. Development of a Control Strategy Based on the Transmission Efficiency with Mechanical Loss for a Dual Mode Power Split-type Hybrid Electric Vehicle [J]. International Journal of Automotive Technology. 2012, 13 (5): 825-833.

[72] 张东好,项昌乐,韩立金,等. 基于驾驶性能优化的混合动力车辆动态控制策略研究[J]. 中国机械工程,2015,26(11):1550 – 1555.

[73] Sorrentino M, Rizzo G, Arsie I. Analysis of a Rule – based Control Strategy for On – board Energy Management of Series Hybrid Vehicles[J]. Control Engineering Practice. 2011,19(12):1433 – 1441.

[74] Banjac T, Trenc F, Katrašnik T. Energy Conversion Efficiency of Hybrid Electric Heavy – duty Vehicles Operating According to Diverse Drive Cycles[J]. Energy Conversion and Management. 2009,50:2865 – 2878.

[75] 王伟达,项昌乐,刘辉,等. 混联式混合动力系统多能源综合控制策略[J]. 哈尔滨工业大学学报,2012,44(1):138 – 143.

[76] 王光平. 并联插电式混合动力汽车控制技术研究[D]. 长春:吉林大学,2016.

[77] Tang X, Jia T, Hu X, et al. Naturalistic Data – Driven Predictive Energy Management for Plug – in Hybrid Electric Vehicles[J]. IEEE Transactions on Transportation Electrification,2021,7(2):497 – 508.

[78] Spagnol P, Onori S, Madella N, et al. Aging and Characterization of Li – Ion Batteries in A HEV Application for Lifetime Estimation[C]//IFAC Proceedings Volumes,2010,43(7):186 – 191.

[79] Yuksel T, Litster S, Viswanathan V, et al. Plug – In Hybrid Electric Vehicle Lifepo4 Battery Life Implications of Thermal Management, Driving Conditions, and Regional Climate[J]. Journal of Power Sources,2017,338:49 – 64.

[80] Masih – Tehrani M, Ha'Iri – Yazdi M, Esfahanian V, et al. Optimum Sizing and Optimum Energy Management of a Hybrid Energy Storage System for Lithium Battery Life Improvement[J]. Journal of Power Sources,2013,244(4):2 – 10.

[81] Scott J. Moura, Jeffrey L. Stein, Hosam K. Fathy. Battery – Health Conscious Power Management in Plug – In Hybrid Electric Vehicles via

Electrochemical Modeling and Stochastic Control [J]. IEEE Transactions on Control System Technology, 2013, 21 (3): 679-694.

[82] Motor Reliability Working Group. Report of large motor reliability survey of industrial and commercial installations: Part 3 [J], IEEE Transactions on Industry Applications, 1987, IA-23 (1): 153-158.

[83] Grubic S., Aller J. M., Lu B., et al. A Survey on Testing and Monitoring Methods for Stator Insulation Systems of Low-Voltage Induction Machines Focusing on Turn Insulation Problems [J]. IEEE Transactions on Industrial Electronics, 2008, 55 (12): 4127-4136.

[84] Lee S.-B., Habetler T. G.. A Remote and Sensorless Thermal Protection Scheme for Small Line-Connected AC Machines [J]. IEEE Transactions on Industry Applications, 2003, 39 (5): 1323-1332.

[85] Venkataraman B, Godsey B, Premerlani W, et al. Fundamentals of a motor thermal model and its applications in motor protection [C] // Conference Record of 2005 Annual Pulp and Paper Industry Technical Conference, 2005, pp. 11-28.

[86] Chen Y, Wang J. In-wheel-motor-driven electric vehicles motion control methods considering motor thermal protection [J]. Journal of Dynamic Systems Measurement and Control-Transactions of the ASME, 2019, 141 (1), Art. No 011015.

[87] Yang C, Zha M, Wang W, et al. Motor-Temperature-Aware Predictive Energy Management Strategy for Plug-In Hybrid Electric Vehicles Using Rolling Game Optimization [J]. IEEE Transactions on Transportation Electrification, 2021, 7 (4): 2209-2223.

[88] 吉蕾蕾. 我国智能网联汽车产业蓄势待发 [N]. 经济日报, 2016, 02版.

[89] 中商产业研究院. 2019年智能网联汽车行业发展概况及未来发展前景分析 [EB/OL]. https://www.askci.com/news/cha-nye/20190506/1740411145821.shtml.

[90] 李勤. 中国工程院院士李骏：要实现自动驾驶，传统汽车研发的方式需要变革［EB/OL］. https://www.d1ev.com/news/-shichang/62500

[91] 于小洲. 自适应巡航系统的心理学评价与人性化控制研究［D］. 长春：吉林大学，2018.

[92] 张立淼. 自适应巡航控制系统发展现状与前景分析［J］. 汽车工业研究，2017（07）：18-21.

[93] 罗禹贡，陈涛，周磊，等. 奔腾智能混合动力电动轿车自适应巡航控制系统［J］. 机械工程学报，2010，46（6）：2-7.

[94] Wang J, Wang J, Wang Q, et al. Control rules extraction and parameters optimization of energy management for bus series-parallel AMT hybrid powertrain［J］. Journal of the Franklin Institute, 2018, 355（5）: 2283-2312.

[95] Zhang X, Peng H, Sun J. A near-optimal power management strategy for rapid component sizing of multimode power split hybrid vehicles［J］. IEEE Transactions on Control Systems Technology, 2014, 23（2）: 609-618.

[96] Rebai M, Kelouwani S, Dubé Y, et al. Low-emission maximum-efficiency tracking of an intelligent bi-fuel hydrogen-gasoline generator for HEV applications［J］. IEEE Transactions on Vehicular Technology, 2018, 67（10）: 9303-9311.

[97] Olivia S, Evelyn E, Hamdi M. Intelligent scheduling of PHEV storage in smart grids for profit maximization in power markets［J］. IET Science Measurement & Technology, 2016, 10（5）: 398-403.

[98] Yang C., Li L., You S., et al., Cloud computing-based energy optimization control framework for plug-in hybrid electric bus［J］. Energy, 2017. 125: 11-26.

[99] Liu K., Jiao X., Yang C., et al, An event-triggered intelligent energy management strategy for plug-in hybrid electric buses based on vehicle cloud optimization, IET Intelligent Transport Systems, 2020, 14（9）: 1153-1162.

[100] 周立岩. 插电式同轴混联客车动力系统部件参数及控制参数优化[D]. 秦皇岛：燕山大学，2017.

[101] 郭新兴. 基于强化学习的路径规划研究[D]. 西安：西安电子科技大学，2019.

[102] 吴建政. 基于ITS交通信息的增程式电动汽车能量管理控制策略的研究[D]. 北京：北京交通大学，2017.

[103] RRT路径规划算法，http://www.cnblogs.com/21207iHome/p/7210543.html.

[104] 朱旻华. 基于改进RRT的智能车路径规划[D]. 南京：南京理工大学，2018.

[105] Khatib O. Real-time obstacle avoidance for manipulators and mobile robots[C]//Proceedings. 1985 IEEE International Conference on Robotics and Automation. IEEE，2003.

[106] Zhang Q, Wu K, Shi Y. Route Planning and Power Management for PHEVs with Reinforcement Learning[J]. IEEE Transactions on Vehicular Technology，2020，69（5）：4751-4762.

[107] Lin J, Yu W, Yang X, et al. A real-time en-route route guidance decision scheme for transportation-based cyberphysical systems[J]. IEEE Transactions on Vehicular Technology，2017，66（3）：2551-2566.

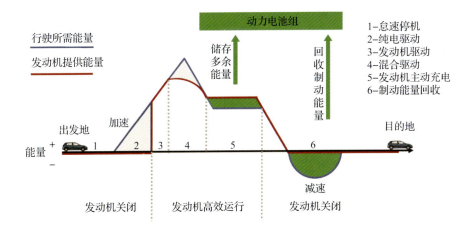

图 1.2.4 并联混合动力车辆多工作模式运行示意图

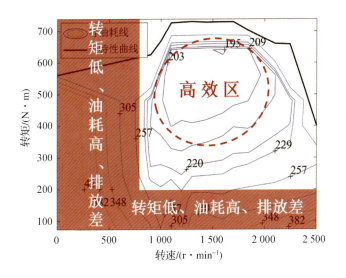

图 1.2.5 发动机油耗高、排放差区域

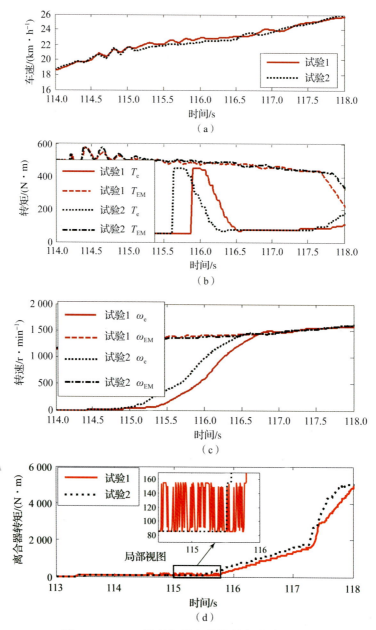

图 3.4.6 PID 控制与提出的控制方法对比结果

(试验 1：传统 PID 控制；试验 2：提出的控制方法)

(a) 车速；(b) 动力系统转矩；(c) 动力系统转速；(d) 离合器转矩

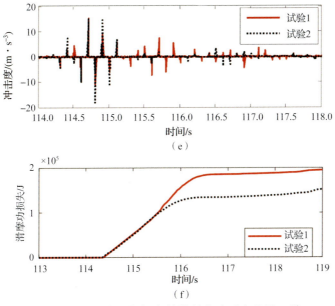

图 3.4.6 PID 控制与提出的控制方法对比结果（续）

（试验 1：传统 PID 控制；试验 2：提出的控制方法）

（e）车辆冲击度；（f）滑摩功损失

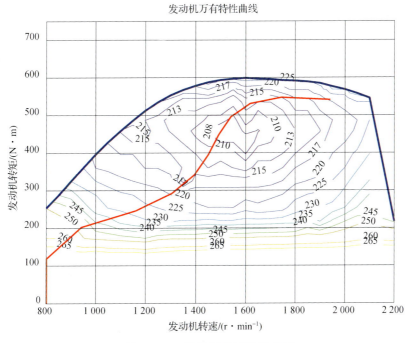

图 4.2.2 发动机万有特性曲线

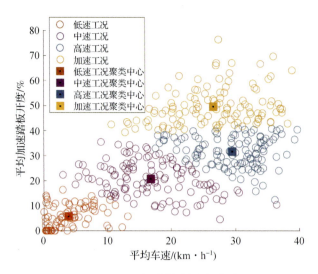

图 4.3.6 驾驶模式聚类结果

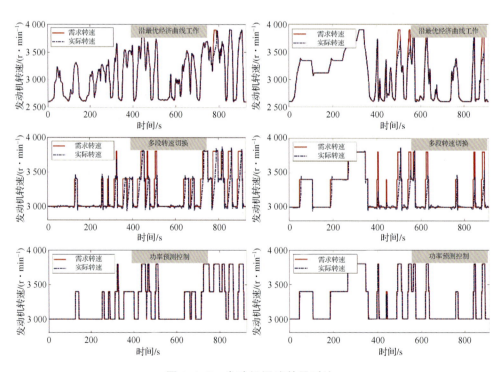

图 4.4.7 发动机调速效果对比

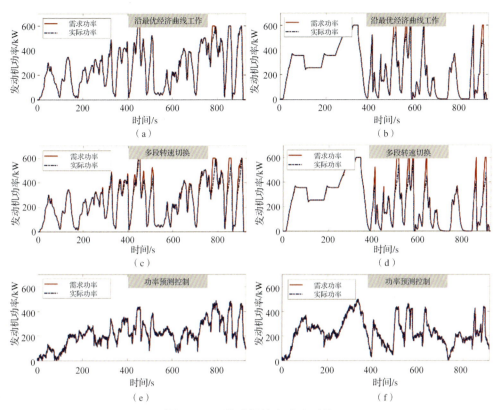

图 4.4.8 发动机输出功率对比

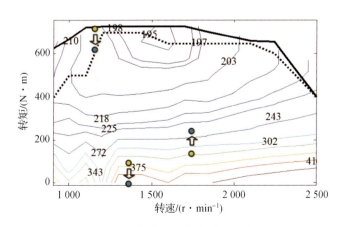

图 5.3.8 发动机工作点修正示意图

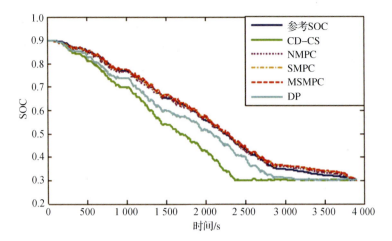

图 5.4.2 不同策略在实际驾驶工况下的 SOC 曲线

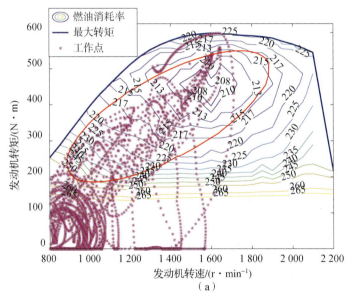

图 6.4.4 发动机工作点图

(a) 策略 1 下的发动机工作点

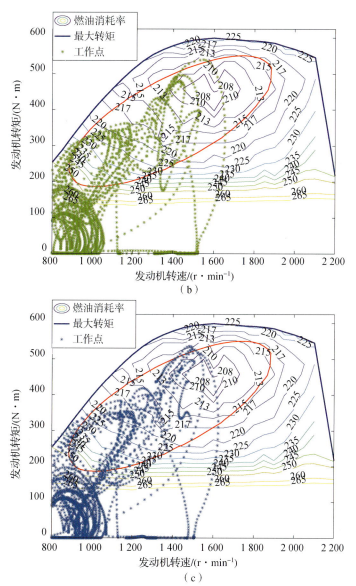

图 6.4.4 发动机工作点图（续）

(b) 策略 2 下的发动机工作点；(c) 策略 3 下的发动机工作点

图 8.5.5　全局路径规划结果